드디어
시리즈

드디어 만나는
아즈텍 신화

THE AZTEC MYTHS by Camilla Townsend

The Aztec Myths: A Guide to the Ancient Stories and Legends
Copyright © 2024 Thames & Hudson Ltd, London
Text © 2024 Camilla Townsend
Korean edition © 2025 Hyundae Jisung Publishing Co., Ltd., Seoul.
All rights reserved.

This Korean edition was published by Hyundae Jisung Publishing Co., Ltd. in 2025
by arrangement with Thames & Hudson Ltd., London
through KCC(Korea Copyright Center Inc.), Seoul.

이 책은 ㈜한국저작권센터(KCC)를 통한 저작권자와의 독점계약으로
㈜현대지성에서 출간되었습니다. 저작권법에 의해 한국 내에서 보호를
받는 저작물이므로 무단전재와 복제를 금합니다.

국내 최초 나우아틀어 원전 기반
아즈텍 제국의 신화와 전설

드디어 시리즈

드디어 만나는
아즈텍 신화

카밀라 타운센드 지음

진정성 옮김

현대
지성

일러두기

1. 이 책은 미국 럿거스대학교 역사학과 교수이자 아즈텍 연구의 권위자인 카밀라 타운센드Camilla Townsend가 수십 년간 축적한 연구 성과를 바탕으로, 아즈텍 신화와 종교를 학술적으로 정리한 원서 『The Aztec Myths』를 번역한 것이다.
2. 저서는 나우아틀어 원전과 원주민의 관점을 최대한 반영하려 노력했으나, 연구자의 해석과 미국 학계의 연구 성과가 불가피하게 개입되어 있다는 점을 미리 밝힌다. 따라서 원주민의 전승과 현대의 학문적 해석이 상호 교차된 결과물임을 이해해주기 바란다.
3. 아즈텍 제국의 인명과 지명은 국내 독자의 이해를 돕기 위해 가급적 원어 발음에 가까운 영어식 표기를 따랐다.

> 추천사

그들의 목소리로 직접 듣는 아즈텍 신화

13세기경 멕시코 분지에서 탄생했던 아즈텍 문명은 스페인 정복자들에 의해 무참하게 파괴되었다. 아즈텍의 고유한 신화와 종교는 왜곡되어 전달되었고, 오랜 시간 '인신 공양'이라는 잔혹한 문화로 폄하되었다.

이 책은 그런 오해와 질곡으로부터 아즈텍 신화의 진실과 신비로운 특성을 되찾기 위한 시도다. 아즈텍을 비롯해 중앙아메리카와 북미 원주민의 삶을 연구하는 탁월한 역사학자 카밀라 타운센드는 스페인 침략 이후 유럽인에 의해 왜곡된 자료는 가급적 배제하고, 그 이전에 아즈텍 문명의 언어인 나우아틀어로 기록된 자료와 원전을 바탕으로 원주민들의 목소리를 복원하고자 했다.

그 결과 우리는 지금까지 제대로 들을 수 없었던 아즈텍 신화를 이 책에서 직접 만날 수 있게 되었다. 신화적 상상력이 빚어낸 놀라운 세계, 변화무쌍한 신들의 개성 넘치는 이야기들은 낯설면서도 강렬하게 독자를 매혹한다. 아즈텍 문명이 세계사의 흐름 속에서 어떻게 스러져 갔는지를 함께 읽어내는 과정 또한 흥미진진하다. 책과 역사를 사랑하는 이라면 누구에게나 값진 선물이 될 것이다.

김헌(서울대학교 인문학연구원 교수, 『신화의 숲』 저자)

들어가기 전에

멕시코 중부를 호령했던 아즈텍 제국

1428년, 테노츠티틀란은 아스카포살코를 꺾고 패권을 거머쥐었다. 그리고 1431년에는 테스코코와 틀라코판을 끌어들여 삼국 동맹을 결성했다. 이 동맹은 단순한 군사 협력 수준을 넘어 멕시코 분지의 패권을 장악하는 전환점이 되었다. 세 도시가 함께 정복한 광대한 영토는 '아즈텍 제국'으로 불렸고, 테노츠티틀란은 그 중심에서 번영을 누렸다.

제국은 패권 도시국가, 동맹 도시국가, 그리고 수많은 예속 도시국가로 이루어진 거대한 연합체였다. 아래 지도는 1519년, 스페인 정복자들이 도착하기 직전 전성기의 아즈텍 제국을 보여주며, 당시 규모는 남북한을 합친 한반도 영토와 맞먹는 약 22만 제곱킬로미터에 달했다.

◆ 16세기 초 아즈텍 제국의 최대 영토

◆ 아즈텍 제국의 중심 테노츠티틀란과 주변 도시국가

아즈텍 문명을 이해하는 5가지 필수 상식

1 ◆ 아즈텍 세계관의 핵심: '다섯 태양 신화'

아즈텍인들은 세상이 네 번 멸망했고, 스스로 다섯 번째 태양 아래에 살고 있다고 생각했다. 그들은 세계는 반복해서 태어나고 파괴되었으며, 인간이 신들에게 희생 제물로 바쳐져야 세상을 유지할 수 있다고 여겼다. 그들의 신화는 단순한 전설이 아니라 전쟁과 종교 의식을 정당화하는 근거였고, 제국의 존재 이유를 설명하는 핵심 사상이었다.

2 ◆ 도시 테노츠티틀란의 규모와 위상

아즈텍인들의 세계관이 구체적으로 구현된 무대가 바로 패권 도시국가인 테노츠티틀란이었다. 테스코코 호수 위의 섬에 세워진 이 도시는 15세기 후반 유럽의 어떤 도시보다도 크고 정교했으며, 런던보다 컸다. 전성기 때 인구는 20만 명이 넘었고, 수로와 제방, 인공 논인 치남파를 통해 농업 생산성을 끌어올렸다. 시장에는 하루 수만 명이 모여 활발한 교역을 벌였으며, 스페인 정복자들은 이 장관을 보고 "호수 위의 베네치아"라고 기록했다.

3 ◆ 아즈텍의 동맹과 패권 전략

아즈텍 제국의 성장 동력은 군사력뿐 아니라 전략적 동맹에 있었다. 테노츠티틀란은 테스코코, 틀라코판과 손잡고 삼국 동맹을 결성했으며, 이를 기반으로 멕시코 분지의 패권을 장악했다. 이 동맹은 단순한 군사 협력을 넘어 광대한 영토 확장의 발판이 되었고, 수많은 예속 도시국가를 지배하는 제국의 골격을 형성했다.

4 ◆ 아즈텍 문명의 두 얼굴

아즈텍 문명은 이렇게 위대한 도시와 정교한 제도를 갖춘 동시에, 잔혹한 희생 제의로도 기억된다. 신을 위해 인간의 피와 심장을 바치는 의식은 유럽인들에게는 경악스러운 문화였으나, 아즈텍인들에게는 우주의 질서를 유지하는 필수 행위였다.

꽃과 노래, 과학과 예술, 그리고 피의 제의가 나란히 존재한 이 이중성 덕분에 아즈텍 문명은 오늘날까지 가장 매혹적이고 논쟁적인 문명으로 남아 있다.

5 ◆ 아즈텍 문명과 국제 정세

아즈텍은 고립된 문명이 아니라, 복잡한 국제 정세 속에서 급부상한 하나의 제국이자 연합체였다.

1325년, 메쉬카는 테스코코 호수의 섬에 테노츠티틀란을 세웠다. 초창기에는 약소 세력이었지만, 1428년 아스카포살코를 꺾고 삼국 동맹을 맺으면서 판도가 바뀌었다. 이 동맹은 멕시코 고원의 패권을 장악하며 제국의 출발점이 되었다.

15세기 후반, 아즈텍은 정복 전쟁으로 영토를 확장하고 수많은 도시국가를 조공 체제에 편입시켰다. 그러나 제국은 절대 안정적이지 않았다. 틀락스칼라와 같은 강력한 적국은 끝내 굴복하지 않았고, 이들은 훗날 스페인 원정대가 아즈텍 제국을 침략하고 테노츠티틀란을 무너뜨리는 데에 일조하는 동맹자가 되었다.

1519년, 에르닌 코르테스가 상륙하며 멕시코 분지의 국제 정세는 급변했다. 스페인 정복자들은 아즈텍의 적들과 손잡고 공격을 개시했고, 전염병까지 덮치며 1521년 테노츠티틀란은 함락되었다. 찬란했던 제국은 불과 수십 년 만에 무너졌고, 그 자리는 곧 스페인의 식민지로 재편되었다.

목차

추천사 그들의 목소리로 직접 듣는 아즈텍 신화 009

들어가기 전에 멕시코 중부를 호령했던 아즈텍 제국 010
아즈텍 문명을 이해하는 5가지 필수 상식 012

멕시코 중앙 고원 지역에서 탄생한 문명

1장 아즈텍 문명에 대한 오해와 진실 018
2장 아즈텍 문화를 연구하기 어려운 이유 028

오묘하고 복잡한 아즈텍 신화

3장 새로운 세상이 열리다 048
4장 개성 넘치는 다채로운 신들 072

아즈텍인의 여정

5장 멕시코 중앙 고원을 떠돌던 여러 종족 096
6장 메쉬카의 정착과 도시의 발달 120

4부 역사와 전설의 희미한 경계

7장 메쉬카의 동맹과 적들 138
8장 아즈텍 제국의 흥망성쇠 150

5부 신으로부터 계시를 받은 이들

9장 영적 믿음을 지녔던 아즈텍 사람들 180
10장 신의 뜻을 피하거나 받들기 위한 의식 192
11장 아즈텍의 '희생 제의' 바로 알기 200

6부 가톨릭과의 융합 그리고 멕시코의 오늘

12장 스페인의 침략과 아즈텍의 몰락 214
13장 '죽은 자들의 날'과 전통을 보호하는 사람들 220

참고문헌 234

이미지 출처 244

'10-집'의 해, 쿠아우티틀란Cuauhtitlan의 지배자였던
우악틀리Huactli가 세상을 떠났다.
그는 장장 62년간 왕의 자리를 지켰다.

그는 식량으로 먹을 옥수수 심는 법을 모르는 왕이었다.
그의 백성은 직물 짜는 법도 몰랐다.
그들은 여전히 가죽 옷을 입었다.
먹을 것은 새, 뱀, 토끼, 사슴 고기뿐이었다.

그들에게는 머무를 집이 없었다.
그들은 이곳에서 저곳으로 계속 옮겨다녔다.

- 쿠아우티틀란 연대기 中

멕시코 중앙 고원 지역에서 탄생한 문명

1장
아즈텍 문명에 대한 오해와 진실

우리가 잘 몰랐던 멕시코 분지의 놀라운 세계

    전 세계 곳곳의 역사를 살펴봐도 지금의 멕시코 중부 지역에 존재했던 아즈텍 문명Aztec civilization만큼 종교의 영향을 크게 받은 문명은 거의 없을 겁니다. 아즈텍인들은 흔히 세상에서 가장 폭력적이고 잔혹한 신앙을 지녔던 사람들로 묘사되곤 합니다. 아즈텍 문화에 대해서는 상대적으로 알려진 것이 많지 않지만, 그럼에도 대부분 '아즈텍' 하면 인간을 제물로 바쳐 신을 찬양하고 기렸던 잔혹한 문명이라고 떠올립니다. 그래서 주변 종족이 아즈텍을 증오했고, 16세기 초에 바다를 건너온 스페인 사람들과 손을 잡고 아즈텍 문명을 무너뜨렸다고 알려져 있기도 하지요.

    그러나 놀랍게도 이 이야기는 일부만 진실이며, 실상은 매우 달랐습니다. 흔히 알려진 아즈텍에 대한 오해는 아즈텍 문명을 발견하고 정복했던 스페인 제국주의자들이 퍼뜨린 것입니다. 그러나 고문헌을 살펴보면, 아즈텍 문명은 오히려 풍요롭고 매력적인 전통을 간직한 다채로운 사회였음을 알 수 있습니다. 간혹 인간을 제물로 바치기도 했지만, 요즘 사람들이 알고 있는 자극적이고 무시무시한 모습과는 사뭇 달랐지요. 지금부터 세간에 널리 알려져 있는 원시적이고 잔인하다는 편견에서 벗어나, 있는 그대로의 아즈텍 문명과 전통을 함께 살펴봅시다.

아즈텍 이전의 멕시코

역사상 마지막 빙하기에는 해수면이 지금보다 낮아 오늘날의 러시아 시베리아와 미국 알래스카가 베링 해협을 사이에 두고 육지로 이어져 있었습니다. 약 1만 5,000년에서 1만 1,000년 전, 아시아 대륙의 종족들은 이 육지를 건너 아메리카 대륙으로 세 차례에 걸쳐 이주했습니다. 초기에는 북부 지역에 머물며 유목 생활을 했으나, 빙하가 녹고 환경이 달라지자 사냥할 동물과 채집할 식물을 따라 섬차 남쪽으로 이동했습니다. 그렇게 이주해 온 집단들은 서로 갈라져 각기 다른 언어와 문화를 발전시켜 나갔습니다.

기원전 1500년경 멕시코 테우안테펙 지협의 북쪽 해안에서 탄생한 올메카 문명Olmec civilization은 아메리카 대륙에서 최초로 옥수수와 콩 농사를 지은 사회였습니다. 더 이상 남하할 필요가 없어진 사람들이 이곳에서 정착 생활을 시작한 것이지요. 어떤 종족이 한 장소에 정착하면 항상 그렇듯 문명이 꽃피었고, 다양한 분업과 기술 발전이 이루어졌습니다. 그러나 올메카 문명은 대서양 건너편 메소포타미아의 비옥한 초승달 지대에서 탄생한 문명보다 약 2,000년이나 늦게 전개된 것이었습니다. 메소포타미아 문명은 일찍이 농경을 시작해 점차 유라시아 대륙으로 퍼져 나갔고, 훗날 그 유럽의 후예들이 아메리카 대륙을 개척하고 정치·경제적으로 예속시킨 것은 어쩌면 역사의 흐름이 이끈 필연적 결과였는지도 모릅니다.

올메카 문명 두상 ▶ 올메카는 신이나 위대한 족장의 얼굴을 묘사한 거대 두상을 남겼다. 이 석조 두상은 올메카 유적지 곳곳에서 신비한 분위기를 내고 있다.

라틴아메리카의 올메카 문명은 인상적이고 다채로운 사회로 발전했습니다. 이들의 달력, 상형문자, 공예 기술은 이웃 종족의 찬탄을 샀습니다. 올메카 문명의 영향은 동쪽으로 퍼져나가 오늘날 멕시코 동부와 온두라스 엘살바도르에 위치했던 마야 문명Maya civilization을 탄생시켰고, 서쪽으로는 멕시코 분지(멕시코 중부에 위치한 고원)까지 이어졌습니다. 이 지역에서 농업에 기반한 여러 도시국가가 잇따라 융성과 쇠락을 맞이했습니다.

올메카 문명 인근, 멕시코 분지에 형성된 여러 문명과 도시 중 가장 규모가 컸던 곳은 지금까지도 놀라운 유적을 고스란히 간직하고 있는 도시국가, 테오티우아칸Teotihuacan입니다. 비록 남아 있는 문헌은 없어 알려진 바는 많지 않지만, 이 고대 도시국가의 유적지는 당시 테오티우아칸 거주민의 세계관과 생활을 오늘날까지도 또렷하게 전해줍니다. 테오티우아칸은 북쪽으로는 오늘날의 미국, 남쪽으로는 중앙아메리카를 연

테오티우아칸 유적지 ➤ 테오티우아칸은 멕시코의 중요한 고대 도시 유적으로, 멕시코시티로부터 북동쪽으로 40킬로미터 지점에 위치해 있다. 1~7세기에 번성했던 것으로 알려져 있으며 전성기에는 인구가 10만 명에 달했을 것으로 추측된다.

테오티우아칸에서 발견된 유물들 ▶ 왼쪽 위부터 시계방향으로 차례로 테오티우아칸의 피라미드를 장식한 깃털 달린 뱀 머리 조각, 조가비를 모자이크처럼 이어 붙여 만든 가면, 다리가 3개인 토기, 불의 신을 묘사한 향로다.

결하는 장거리 무역의 중심지이기도 했습니다. 그러나 650년경 어떤 이유로 국가 체제가 무너졌고(외부의 침략 또는 내부로부터의 반란 등이 원인이었을 것으로 보입니다), 비옥한 토지를 찾아 돌아다니던 북쪽 사막 지역의 유목민이 이 지역으로 옮겨오는 계기가 되었습니다.

삼각동맹과 아즈텍 제국의 탄생

앞서 언급한 것처럼 유목민들은 현재의 미국 남서부와 멕시코 북부를 지나 이동했습니다. 멕시코 분지로 잇따라 남하한 사람들은 대부분 유토-아즈텍 어족Uto-Aztec(30개 이상의 아메리카 원주민 언어가 이루는 어족)의 언어, 그중에서도 특히 '나우아틀어Nahuatl'를 사용하는 이들이었지요. 이들의 이동은 오늘날 미국의 애리조나주 근방에서 멕시코의 멕시코시티까지, 수 세기에 걸쳐 이루어졌습니다. 이주 집단은 남하하며 마주치는 지역 곳곳에 한동안 정착했습니다. 현지 사람들과 혼인 관계를 맺고, 상대 문화의 일부를 받아들이고, 이야기를 전승하기도 했습니다. 그러다 갈등이 생기고 전투가 벌어질 때쯤 다시 다른 곳으로 옮겨갔지요.

비옥한 중앙 고원 지대까지 내려온, 나우아틀어를 쓰는 종족 중 '메쉬카Mexica'는 상대적으로 후발 주자에 속했습니다. 어떤 기록에 따르면 그들이 가장 마지막에 멕시코 분지에 도착했다고 하지요. 이들이 분지에 도착한 것은 13세기 즈음이었습니다. 당시 이 지역에는 이미 상당수의 인구가 자리하고 있었으므로 메쉬카는 오랜 시간 정착하지 못하고 떠돌며 다른 도시국가의 용병 노릇을 했습니다. 그러던 14세기 초, 이들은 분지 중심을 채운 거대한 호수의 섬에 도시국가를 세웠습니다. 그리고 얼마 지나지 않아 왕조가 시작되었지요.

그러나 메쉬카는 여전히 취약했습니다. 당시 멕시코 중앙 분지에서 가장 강력했던 도시국가는 테파네카Tepaneca(메쉬카와 마찬가지로 나우어틀어를 쓰는 민족이었습니다)가 건설한 아스카포살코Azcapotzalco였지요. 그러다 15세기 초, 오랜 시간 아스카포살코를 통치하던 왕이 죽었습니다. 뒤이은 혼란기에 메쉬카는 영리하게도 뿔뿔이 흩어질 위기에 놓였던 테파네카의 일부와 동맹을 맺었습니다. 메쉬카와 테파네카는 테스코코라고 불리던 다른 도시국가와 힘을 합쳐 멕시코 계곡의 세력을 완전히 개편했습니다.

이후 메쉬카는 지역 최강의 집단으로 발돋움했고, 테스코코와 틀라코판Tlacopan(테파네카가 세운 도시국가 중 하나)과 밀접한 관계를 유지했지요. 메쉬카의 테노츠티틀란과 이웃 도시인 테스코코, 틀라코판이 맺은 동맹을 가리켜 '삼각동맹Triple Alliance'이라고 합니다. 삼각동맹은 오늘날 아즈텍 제국이라고 알려진 하나의 거대 연합체로 이어졌지요.

스페인의 침략과 아즈텍 제국의 멸망

이후 삼각동맹은 백여 년간 멕시코 중앙 고원을 중심으로 점차 영역을 넓혀 오늘날 멕시코에 해당하는 주변 지역 대부분을 지배하기에 이르렀습니다. 멀리 멕시코 북서쪽 지역과 오늘날의 엘살바도르 국경까지 무역 기지를 설치했지요(그래서 엘살바도르 인근에는 아직까지 나우아틀어 지명이 남아 있습니다). 메쉬카가 호수 한가운데에 있는 섬에 건립한 테노츠티틀란 Tenochtitlan은 부유하고 아름다운 도시국가로 발전했습니다. 멀리서도 보일 만큼 반짝이는 피라미드 사원과 엄청난 규모의 광장에서 열리는 시장, 잘 정돈된 격자형 도로, 옥상 정원, 심지어 왕이 기르는 온갖 동물의 우리까지 갖춘 어마어마한 규모의 도시국가였지요.

그러던 15세기 말에서 16세기 초, 메쉬카는 유카탄 반도 인근 섬들을 탐험하는 낯선 이들에 대한 소문을 듣기 시작했습니다. 바로 유럽에서 항해를 시작해 카리브해의 섬들에 도착한 스페인 탐험가들이었지요. 1517년에서 1518년 사이 스페인 탐사대는 멕시코 중부 연안을 탐사하기 시작했고, 1519년에는 정복자 에르난 코르테스 Hernán Cortés가 오늘날 멕시코 베라크루스주 인근에 도착했습니다. 코르테스와 스페인 정복대는 베라크루스 인근 원주민 세력을 포섭하며 천천히 테노츠티틀란으로 향했습니다. 메쉬카의 몬테수마 2세 Moctezuma II는 사신을 보내 협상하고자 했지만 테노츠티틀란을 점령하려는 코르테스의 욕심을 꺾지는 못했습니다.

결국 1519년 11월, 스페인 원정대는 아즈텍 전사들을 뚫고 테노츠티틀란에 입성했습니다. 이후 유럽인들은 약 8개월간 귀빈으로 환대를 받으며 머물렀지만, 결국 토착민과 이방인 사이에 갈등이 시작되었습니다. 점점 많은 유럽인이 테노츠티틀란으로 들어왔고, 그들과 동맹을 맺은 인근 토착 종족의 수도 늘었습니다. 게다가 유럽인들이 몰고 온 천연두까지 유행하며 수많은 메쉬카 원주민들이 목숨을 잃었지요. 스페인 정복자들은 테노츠티틀란을 공격해 파괴해버렸고, 불과 몇 달 만에 폐허 위에 '멕시코시티'라는 새로운 도시가 들어섰습니다. 원주민 인부와 장인들의 손으로 세운 도시였지요. 테노츠티틀란 주민들은 옛 기억을 고스란히 간직한 채 그곳에서 새로운 삶을 살아가야 했습니다.

테노츠티틀란 피라미드 ▶ 스페인 정복자들이 테노츠티틀란을 정복한 직후 그린 마요르 신전의 두 피라미드 그림이다. 아즈텍 신화 속 가장 중요한 신들을 기렸던 곳으로 보인다.

한걸음더 나우아틀어 발음하기

3가지 규칙만 참고하면 여러분도 아즈텍 제국에서 널리 쓰인 언어 중 하나인 나우아틀어를 비교적 쉽게 발음할 수 있습니다. 이 책에는 나우아틀어 단어가 여러 번 나올 테니, 발음법을 먼저 알아둡시다.

첫째, 자음 '틀tl'은 낱말 끄트머리에서 아주 약하게 발음됩니다. '티t'로 끝나는 영어 단어 발음을 떠올리면 쉽지요. 둘째, '에이치h' 다음에 '유u'가 오는 경우에는 '우w' 발음이 납니다. '나우아틀Nahuatl'이라는 단어에서 두 가지 규칙을 모두 확인할 수 있지요. 셋째, 자음 '엑스x'는 영어의 '쉬sh' 소리와 비슷합니다. 나우아틀어에서 자주 쓰이는 자음이니 기억해두면 좋습니다.

흔히 우리가 아즈텍 사람이라고 부르는 이들은 스스로를 '메쉬카Mexica'라고 불렀습니다(이때 강세는 '쉬'에 옵니다). 꽃을 뜻하는 나우아틀어 단어는 '쇼치틀Xochitl'이라고 발음합니다(강세는 '쇼'에 옵니다). 나우아틀어에서 대부분의 강세는 끝에서 두 번째 음절에 온다고 보면 됩니다.

아즈텍인의 꽃 그림 ▶ 아즈텍 사람들은 꽃을 좋아했다. 그림은 스페인의 정복 이후 프란치스코회 수도사 밑에서 일하던 원주민 화가의 작품이다.

2장
아즈텍 문화를 연구하기 어려운 이유
아즈텍에 담긴 의미와 십여 편의 고문서

'아즈텍'이라는 표현은 현대 학자들이 멕시코 중부에서 문명을 일구고 살았던 오래된 종족을 연구 대상으로 삼기 시작했던 18~19세기부터 점차 퍼져 나갔습니다. 하지만 역사적으로 스스로를 '아즈텍'이라고 칭한 종족은 없었습니다. 학자들은 '아즈텍'이라는 단어를 옛 문헌과 기록에서 찾아냈지요.

원래 아즈텍은 멕시코 북쪽 머나먼 곳에 위치하는 전설 속 메쉬카의 고향, '아스틀란Aztlan'에 살던 사람들을 가리키는 단어였습니다(아스틀란에 대해서는 3부에서 더 자세히 살펴볼 예정입니다). 그러나 학자들은 이 단어를 단순히 아스틀란의 주민이 아니라 메쉬카라는 종족 전체를 지칭하는 표현으로 사용했고, 이내 대중들도 이 표현을 사용하기 시작했습니다. 이제 모두들 스페인 원정대가 멕시코 분지에 도착해 마주한 종족을 '아즈텍'이라고 부릅니다.

'아즈텍'이라는 단어가 채택된 이유

19세기 학자들은 왜 이렇게 독특한 용어를 사용했을까요? 그리고 아즈텍이라는 단어가 채택되어 널리 퍼져나갈 수 있었던 이유는 무엇일까요? 정확히 단언하기는 어렵지만, '아즈텍'이라는 단어가 가진 장점은 확실했습니다. 학자들이 멕시코 중부 역사를 연구하기 시작할 무렵, 이미 '메쉬카'라는 단어에서 파생된 '멕시코'는 스페인의 식민지를 지칭하고 있었습니다. 테노츠티틀란 위에는 '멕시코시티'라는 도시가 세워졌지요. 게다가 독립 이후 국명을 '멕시코합중국'이라고 정하며 '멕시코'라는 표현이 공식 명칭으로 정립되었습니다. 그러니 오래전 이 지역에 있었던 문명과 종족을 '메쉬카'라고 부르면 현대 멕시코인을 지칭하는 단어와 혼동을 일으킬 여지가 있었지요.

반면 '아즈텍'이라는 단어는 어감이 모호하고 유연했습니다. 학자들이 전달하고자 하는 내용에 따라 메쉬카뿐만 아니라 메쉬카가 가까운 부족과 맺은 동맹체, 심지어 이들이 통치한 모든 주변 종족을 통칭할 수 있었습니다. 때문에 이 용어는 때때로 넓은 의미로 혼란을 불러일으키기도 합니다. 지금도 아즈텍이라는 용어가 메쉬카를 가리키는지, 삼각동맹과 주변 종족을 가리키는지, 멕시코 분지에 자리했던 모든 도시국가를 가리키는지 단어만으로는 알 수 없어 맥락에 따라 읽어야 합니다. 심지어 아즈텍을 나우아틀어를 사용한 부족을 통틀어 가리키는 '나우아 종족Nahua'과 헷갈리는 사람도 있습니다. 나우아족은 오늘날 멕시코 지역 곳곳으로 이주한 여러 원주민 종족으로, 메쉬카와 일부 섞였으나 완전히 같은 종족으로 보기는 어렵습니다.

이 책에서 지칭하는 아즈텍은 멕시코 중부에 거주하며 16세기 초 유럽인과 조우하기 전까지 약 200년에 걸쳐 서로 영향을 주고받았던, 나우아틀어를 쓰는 모든 종족을 가리킵니다. 메쉬카는 지배 세력으로 올라섰지만 주변 종족과 무역으로 교류하고, 결혼해 관계를 맺고, 전쟁을 치르며 함께 살아갔습니다. 각 종족은 전설과 이야기를 나누었고, 한데 모여 나우아틀어 이야기가 되었습니다. 부족마다 조금씩 차이는 있었지만 이들 이야기는 결과적으로 같은 문화적 세계관을 이루었지요.

아즈텍 문명에 대한 오해

초기에 아즈텍 문명을 연구했던 학자 대부분은 나우아틀어를 해석하지 못했습니다. 이들은 오래된 유적지, 식민 시대의 그림과 상형문자, 스페인 사람들이 남긴 문서와 기록에 의존해 연구했지요. 그들의 책은 초기 연구에서 매우 중요한 역할을 했지만 그런 책들은 아즈텍의 시각이 아니라 철저히 스페인의 관점에서 서술된 것이었기에 정확한 역사를 담았다고는 할 수 없습니다. 스페인 침략자들은 정복을 정당화하기 위해 메쉬카를 비롯한 원주민 종족을 극도로 야만적이게 묘사했습니다. 일부 문서를 보면 헛웃음이 나올 정도지요.

코르테스 휘하의 군인이자 멕시코 원정에 참가했던 베르날 디아스 델 카스티요 Bernal Díaz del Castillo는 훗날 원정을 회고하며 남긴 저서 『새로운 에스파냐 정복의 진실된 역사 Historia Verdadera de la conquista de la Nueva Espana』에 다음과 같이 썼습니다.

"그들은 뱀을 기르며
희생 제물로 바쳐진 원주민과
사육하던 개의 사체를 먹였다.
또한 그들은 우리를 테노츠티틀란에서 몰아낸 뒤,
그 괴물 같은 뱀에게 여러 날 동안
우리 병사들의 사체를 먹게 했다."

과연 개나 인간을 먹을 만큼 거대한 뱀이 존재할까요? 아주 터무니없는 내용이지만, 학자들은 이를 진지하게 받아들이며 공적인 사료로 삼았고 점차 아즈텍 문명은 아주 잔인하고 비

인간적이었다라는 편견이 생긴 것입니다.

한걸음 더 — 개를 사랑했던 사람들

아즈텍인들은 '이츠쿠인틀리Itzcuintli' 또는 '숄로이츠쿠인틀리 Xoloitzcuintli'라고 불리는, 털이 없는 작은 개를 길렀습니다. 초기에는 식량이 부족할 때를 대비해 식용 가축으로 기른 것으로 보이지만 점차 사이가 가까워지며 반려견이 되기도 했지요. 어떤 학자들은 주인이 세상을 뜨면 반려견도 함께 묻었을 것이라고 추측합니다.

아즈텍 후손들 사이에 구전으로 전해져온 이야기에 따르면 아즈텍인은 개를 도살할 때 굉장히 슬퍼했다고 합니다. 그들은 개에게 천 목걸이를 걸어주고, 끌어안고 쓰다듬으며 이렇게 말했지요.

"날 기다려주렴. 네가 나를 아홉 저승 세계 건너로 인도하겠지."

인간이 개를 길들인 지는 오래되었고 현재까지 진행 중이지만, 아즈텍인도 애견의 역사에서 빼놓을 수 없는 중요한 위치를 차지하고 있습니다.

숄로이츠쿠인틀리 ▶ 아즈텍 문명부터 이어져온 멕시코 토종견 숄로이츠쿠인틀리는 주인에 대한 충성심이 굉장히 강하다. 털이 없고 피부가 드러나 있다는 특징 때문에 종종 '멕시칸 헤어리스 도그(털 없는 멕시코 개)'라고 불린다.

일상의 흔적은 사라지다

테오티우아칸이나 테노츠티틀란 등 오래된 도시 유적과 그곳에 남은 상형문자는 원주민 고유의 시선이 담긴 창작품이기에 외지인들이 남긴 기록보다 더 진지하고 상세히 연구할 가치가 있습니다. 그러나 한 가지 문제가 있는데, 원주민들이 그림으로 남긴 주제는 매우 한정적이라는 것입니다.

대개 잘 보존된 발굴지와 유적지는 사람들이 물건을 거래했던 시장이나 일상을 살던 주거 공간이 아니었습니다. 남겨진 유적은 대부분 신전과 제단 등 신성시되던 중요한 공간이지요. 학자들은 인신 공양이 이루어졌던 곳으로 보이는 거대한 피라미드를 발견했습니다. 그러나 과거를 직접 경험한 아즈텍인이 남아 있지 않은 오늘, 전체적인 맥락을 알기는 어렵습니다. 과연 인신 공양은 얼마나 자주, 얼마나 큰 규모로 일어났을까요? 누가 의식을 행했을까요? 대부분의 사람들을 이를 어떻게 생각했을까요? 반대하는 사람은 없었을까요?

스페인 점령기, 즉 식민지 시대에 제작된 그림을 곁들인 일부 고문서(당시에 쓰인 책을 가리킵니다)에는 원주민에게 들은 인신 공양이 묘사되어 있지만, 여기에 담긴 내용 역시 지극히 한정적입니다. 심지어 이런 자료 대부분은 인신 공양이 실제로 일어난 당시가 아니라, 그로부터 시간이 꽤 지난 뒤 원주민의 후손들이 어렴풋이 생각하는 역사와 풍습을 남긴 것이기에 정확한 사료로 보기 어렵지요.

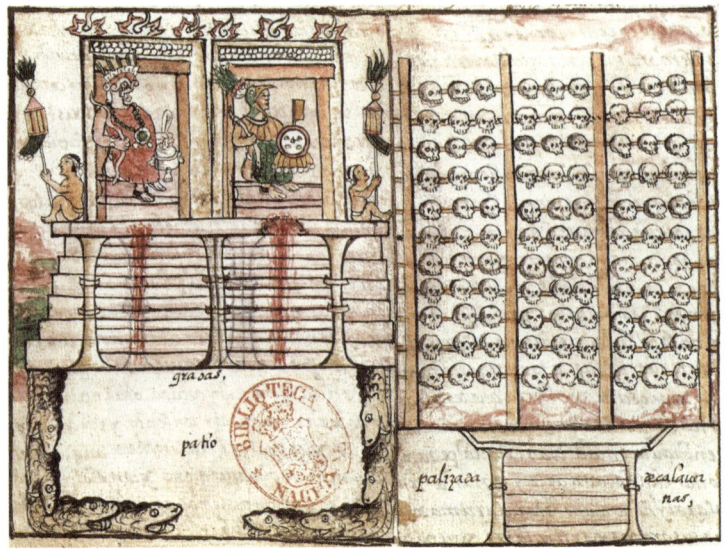

촘판틀리를 묘사한 그림 ▶ 스페인의 정복 이후 멕시코에 도착한 도미니코회 수도사 디에고 두란Diego Durán의 책에 실린 그림으로, 인신 공양과 '촘판틀리Tzompantli'를 묘사하고 있다. 촘판틀리란 해골 받침대 또는 해골 걸이라는 뜻으로, 아즈텍인들은 전쟁 포로나 인신 공양 희생자의 두개골을 쌓아 공개적으로 전시했다고 알려져 있다.

아즈텍인의 구전 이야기

지난 수십 년간, 많은 학자들이 나우아틀어에 기반한 '알파벳 원전'을 연구하는 데 집중하고 있습니다. 유럽인이 도래하기 전 아즈텍인은 나우아틀어와 그림문자를 사용했는데 어떻게 알파벳 원전이 남아 있는 것일까요? 답은 간단합니다. 메쉬카를 상대로 첫 승리를 거두자마자 스페인에서 온 프란치스코회 수도사들이 어린 토착민 학생들을 데려다 알파벳을 가르쳤기 때문이지요.

스페인에서 온 정복자들은 아즈텍 아이들이 스페인어를 알면 쉽게 가톨릭교를 전파할 수 있으리라고 보았습니다. 곧 아즈텍 아이들은 스페인어를 읽고 이해하기 시작했고, 그중 몇몇은 수년간 수도사 밑에서 배우고 일하며 신부를 돕거나 이런저런 기록을 작성하기도 했습니다. 최근에는 아즈텍 사람의 관점에서 연구를 진전하기 위해 수도사와 원주민 조수가 함께 남긴 종교 문헌에 집중하는 학자들도 있습니다.

아즈텍 원주민들은 알파벳을 비롯해 유럽의 법률 체계를 알게 되자 이를 활용해 유언장, 토지 매매, 납세 기록 등을 작성했습니다. 이런 기록을 연구하면 나우아틀어와 스페인어가 혼용되던 당시에 식민지 원주민들이 어떻게 생각하고 생활했는지, 유럽인과 어떤 영향을 주고받았는지 알 수 있습니다.

그러나 알파벳이 전파되기 이전에 쓰인 나우아틀어 자료는 절대적으로 부족합니다. 유럽인이 멕시코에 도착하기 전에 아즈텍 사람들이 남긴 기록 말이지요. 아즈텍인은 과연 서로 어떤 이야기를 나누었을까요? 세상을 어떻게 이해하고 받아들였을까요? 이를 알 수 있는 대표적인 자료는 '시우포우알리 Xiuhpohualli'라는 멕시코 전통 날력입니다. 쉽게 말해 이야기꾼들이 나와서 그림문자로 기록된 상징과 사건에 대한 기억을 되살려가며 복잡한 구연 동화를 들려주는 것으로 볼 수 있지요.

시우포우알리는 주로 오래된 이야기, 아즈텍족의 역사를 읊는 데에 쓰였습니다. 이야기꾼은 때때로 잠시 말을 멈추고 이야기와 관련된 노래를 부르거나, 연극을 하듯 현재 시제로 대화를 나누기도 했습니다. 전쟁과 갈등 등 여러 부족의 이해 관계가 복잡하게 엮여 있는 이야기의 경우, 한 이야기꾼이 이야기를 전달하고 들어가면 다른 부족의 연사가 차례를 이어받아 같은 사건에 대한 다른 이야기를 들려주기도 했지요.

16세기 중반, 알파벳을 배운 아즈텍 청년들은 전통과 역사를 다룬 구전 이야기를 글로 옮겼습니다. 오래된 마을을 방문

보투리니 고문서 ▶ 보투리니 고문서Codex Boturini는 스페인 식민지 시대에 작성된 아즈텍 원주민의 기록이다. 스페인 침략 이전의 시우포우알리와 매우 비슷한 내용을 담고 있다.

해 나이 지긋한 노인들의 말을 듣고 그 내용을 받아 적은 것이지요. 이런 기록은 대부분 옛이야기나 전설에서 시작하지만, 종종 저자가 살던 시대까지 반영한 생생한 기록물이 되었습니다. 유럽의 정복자들은 원주민들이 이런 역사 기록을 남긴다는 사실을 자세히 알지 못했고, 이런 기록에 큰 영향을 미치지도 못했습니다.

물론 이런 연대기는 어떤 관점에서 보면 가톨릭의 산물이기도 합니다. 글자를 배운 원주민들은 이미 어느 정도 유럽 가톨릭의 영향을 받았으니까요. 그러나 자료의 대부분은 유럽 종교와 무관하게 아즈텍의 신앙과 전통을 담은 것이었습니다. 이런 연대기는 유럽 식민지가 되기 전 아즈텍 제국의 많은 것을 가르쳐줍니다.

고문서에 기록된 아즈텍의 종교와 사회

고문서는 대부분 역사 속 사건의 선후 관계를 이해하고 정리하는 데 도움이 되지만, 아즈텍 고문서에는 다른 쓸모도 있습니다. 나우아틀어로 적힌 고문서는 종종 아즈텍인의 신화와 영적 믿음, 더 나아가 정치적 사건까지 다루기 때문입니다. 즉, 아즈텍 고문서는 후대인에게 아즈텍 제국 초기의 역사뿐만 아니라 신화와 종교관, 정치 체제까지 가르쳐주지요. 그러나 아즈텍 종교를 연구했던 많은 학자들은 오랜 시간 이런 고문서를 폭넓게 활용하지 못했습니다. 이들이 주로 집중했던 것은 아즈텍 유적과 유럽 침략자들의 기록, 그리고 유럽인과 원주민의 혼혈인 메스티소인Mestizo 학자가 기록한 스페인어 문헌이었기 때문이지요.

지금까지 가장 널리 알려진 아즈텍 관련 문헌은 불어로 쓰인 『멕시코의 역사Histoire du Mexique』인데, 저자가 누구인지 밝혀져 있지 않습니다. 이 문헌은 다른 원주민 고문헌과 일치하는 부분이 있고, 어느 정도 그들의 관점이 반영된 글을 참고해 작성한 것으로 보입니다. 하지만 이 책에만 등장하거나 원주민 전통과 일치하지 않는 내용도 꽤 많아 의구심을 품게 되지요. 어쨌든 멕시코 역사를 탐구하는 학자들은 이 문헌을 배제하고 연구를 계속할 수 없습니다.

역사학자들은 고문헌을 연구한 끝에 아즈텍인들이 '테욜리아Teyolia'라는 개념을 중시했음을 알아냈습니다. 테욜리아란 가톨릭교의 영혼과 비슷한 개념으로, 나우아틀어로 풀이하면 '움직이는 본질'이라는 뜻이지요. 최근 학자들은 16세기에 '테욜리아'라는 단어가 어떻게 사용되었는지 면밀히 찾아본 결과 아즈텍인들의 종교관이 때로는 혼란스럽고 모순적이며, 유럽 정복자들의 관점에서는 독특하고 이색적인 것이었음을 발견했습니다.

그러나 중요한 것은 스페인 사람들이 아니라 아즈텍인의 관점이지요. 아즈텍족은 자신들의 종교를 어떻게 생각했을까요? 그들의 관점에서 종교란 어떤 것이었을까요? 이 책에서는 이런 질문들을 좀 더 자세히 파고들고자 합니다.

아즈텍의 전설을 담은 열다섯 원전

아즈텍인의 관점을 살려 그들의 전설과 신화, 옛이야기를 연구하기 위한 가장 좋고 이상적인 방법은 왕궁과 사원 유적지에 보존된, 그들이 직접 작성한 문헌을 살펴보는 것입니다. 그러나 이는 현실적으로 불가능하지요. 아즈텍 제국을 점령한 스페인 사람들이 그들의 유산을 모두 불태웠기 때문입니다. 스페인 탐험대가 도착하기 전에 작성된 책은 고작 열댓 권이 남아 있는데, 그중 아즈텍 제국의 중심지인 멕시코 분지에서 나온 것은 하나도 없습니다(보르자 고문서군The Borgia Group이라 불리는 세 종류의 문서가 근방에 기원을 두었다고는 합니다).

안타깝지만 책이 발굴된 정확한 장소를 알아낸다 해도 아즈텍 문명에 대해 확실히 알기는 어려울 겁니다. 오래전 원주민이 기록한 그림문자를 완벽하게 해석할 수 있는 사람은 없기 때문이지요. 학자들은 추측에 의존해 당시 생활상을 그려보고 연구합니다. 아즈텍의 사제들이 달력의 날짜나 신의 이름을 읊었다는 것은 알 수 있지만, 그뿐입니다. 정확히 어떤 의례를 치렀는지, 어떤 서사가 남아 있는지는 알 수 없지요.

저는 이 책에 최대한 외부의 관점이 개입되지 않은 아즈텍

페예르바리 메이어 고문서 ➤ 페예르바리 메이어 고문서Codex Féjerváry-Mayer는 중부 멕시코 문화권에 유럽인들이 침략하기 전에 작성되어 보존된 보르자 고문서군 중 하나다.

인의 종교 설화를 담기 위해 식민지가 되기 이전에 전해지던 구전의 일부를 옮겨 적은 나우아틀어 원전과, 잃어버린 전통에 대한 메쉬카 원주민의 고찰이 담긴 자료를 주로 참고했습니다. 이 책에 수록된 이야기는 대부분 전자에서 가져온 것이지만, 뒤로 갈수록 후자에 해당하는 자료도 다룰 예정입니다.

이런 고문서의 대부분은 앞에서 언급한 아즈텍인들의 연대기 기록 '시우포우알리'의 한 예시이자, 적어도 그 영향을 받은 것으로 보입니다. 저는 이 책에서 종교적으로나 법적으로나 스페인인이 주도해 남겨진 자료는 최대한 배제하고자 했습니다. 아즈텍 문명에 대한 기록을 담은, 오늘날까지 보존되어 전해지는 귀중한 고문서는 열다섯 종입니다. 오른쪽 표에 그 고문서들의 이름과 발견된 장소를 정리했습니다.

원주민의 노래와 수도사의 기록

이 책에서는 주로 아래 표에 실린 원전에 담긴 이야기를 소개할 예정입니다. 그 외에도 멕시코 원주민들이 남긴 여러 기록을 참고했는데, 하나는 1560년대에 문자로 기록된 '칸타레

사료명	기원 민족(또는 지역)
아우빈 고문서 Codex Aubin	메쉬카(테노츠티틀란)
밴크로프트 대화 Bancroft Dialogues	테스코코 Texcoco
치말파인 고문서 Codex Chimalpahin	찰코 Chalco, 메쉬카, 테스코코
치말파인 8권의 연대기 Chimalpahin's Eight Relaciones	찰코, 메쉬카
쿠아우티틀란 연대기 Annals of Cuauhtitlán	쿠아우티틀란
후안 바우티스타 연대기 Annals of Juan Bautista	메쉬카
태양의 전설 Legend of the Suns	메쉬카
구아르디아네스 서 Libro de Guardianes	쿠아우틴찬 Cuauhtinchan
푸에블라 연대기 Annals of Puebla	푸에블라-틀락스칼라 골짜기 Puebla-Tlaxcala Valley
테카마찰코 연대기 Annals of Tecamachalco	테카마찰코 Tecamachalco
메쉬카요틀 연대기 Crónica Mexicayotl	메쉬카
틀라텔롤코 연대기 Annals of Tlatelolco	메쉬카(틀라텔롤카 Tlatelolca)
틀락스칼라 연대기 Annals of Tlaxcala	푸에블라-틀락스칼라 골짜기
톨테카 치치메카사 Historia Tolteca Chichimeca	쿠아우틴찬
고귀한 도시 틀락스킬라 연대기시 Historia cronológica de la noble ciudad de Tlaxcala	틀락스칼라 Tlaxcala

아즈텍 고문헌 원전 목록 ▶ 아즈텍 문명의 옛이야기를 담은 고문헌 목록이다. 스페인 침략자가 아닌 멕시코 원주민의 입장과 관점을 최대한 반영해 작성된 귀중한 자료들이다.

아우빈 고문서 ➤ 16세기에 작성된 아우빈 고문서에는 아즈텍 그림 연표 옆에 과거부터 구전으로 전해져오던 나우아틀어 문장이 배치되어 있다.

스 메쉬카노스Cantares Mexicanos'입니다. 이는 '메쉬카의 노래'라는 뜻으로, 오래된 가락의 가사를 기록한 것이지요. 이 기록을 남긴 이는 아마 스페인 출신 수도사였을 것으로 보입니다. 아즈텍인들은 이런 서정적인 내용을 글로 남기기보다는 소리내어 노래했기 때문이지요.

 노래 이야기가 나와 덧붙이자면, 나우아틀어 사용자들 사이에는 과거의 노래를 새 맥락에 맞게 재활용하는 관습이 있었습니다. 연대기에는 왕과 신, 산과 자연의 이름을 바꾸어 가며 옛 노래를 활용했다고 적혀 있지요. 식민 시대에는 옛 신의 이름을 헤수스Jesús(예수) 또는 말리아Malia(성모 마리아)로 바꾸기도 했기에, 나우아틀어를 모르는 학자들은 때때로 이들 문서가 아즈텍보다는 가톨릭교 문화와 가깝다고 잘못 이해하기도 했습니다. 그러나 모든 아즈텍 고문헌은 그들의 관습, 생활, 신앙이 모두 유럽과 다르고 자신들만의 독특한 특색을 지니고 있었다는 것을 잘 보여줍니다.

이 책에서 참고한 다른 기록은 프란치스코회 수도사 베르나르디노 데 사아군Bernardino de Sahagún의 주도하에 제작된 16세기 중반의 백과사전 문헌입니다. 원본이 이탈리아 피렌체에 보관되어 있어 피렌체 고문서Codex Florentine라고 흔히 알려져 있지요. 피렌체 고문서는 오랜 시간 아즈텍 문명을 연구하는 학자들에게 가장 많이 인용된 자료입니다. 수도사들이 원주민 조수에게 여러 노인들을 만나 과거의 생활에 대한 이야기를 받아 적게 하고, 그 이야기를 모아 취합한 자료이므로 내용이 충실하고 원주민의 관점이 반영되었을 확률이 높지요. 그러나 수도사들이 아즈텍 종교의 신과 제의에 대해 의도를 가지고 질문을 마련해 이를 바탕으로 취합한 정보라는 점에서는 분명히 한계도 있습니다.

이 책에는 피렌체 고문서에서 특히 나우아틀어로 기록된 부분, 유럽인의 질문에 대한 원주민의 답변이 아니라 원주민들끼리 자유롭고 자발적으로 나눈 대화로 보이는 부분을 특히 많이 인용하고자 했습니다. 아는 피렌체 고문서에서 가장 중요한 부분이기도 하지요.

제가 아무리 유럽 정복자의 관점을 최대한 배제하고 원주민의 글을 옮기고자 노력해도 부족한 점은 있을 겁니다. 그러나 언젠가 완전한 나우어틀어 원전이 발견되어 제대로 해석된 뒤에는 유럽인의 시점에서 작성된 기록과 비교하며 더 상세하게 연구할 수 있을지도 모릅니다. 그전까지는 최대한 외부인의 관점을 배제하고 아즈텍의 고유성이 담긴 고문헌을 분석하는 것이 중요하겠지요. 저는 이 책에 그러한 시도를 최대한 녹여 냈음을 다시 한 번 밝히고 싶습니다. 독자 여러분이 아즈텍 신화의 진가를 발견할 수 있다면 저자로서 그보다 더한 기쁨은 없겠지요.

'아즈텍 신화'를 읽기 전에

종종 한 문화권의 신화는 전설이나 설화와 뒤섞여 비슷한 맥락으로 읽히기도 합니다. 전 세계 여러 문화권처럼 아즈텍 문명에도 세상을 만든 신과 위대한 영웅에 대한 신화가 있었지요. 신화란 영적 특성을 지닌, 한 문화권의 근간이 되는 이야기를 가리키지만 때로는 허황되고 거짓된 이야기도 담고 있습니다. 땅이 갑자기 갈라지고 동물이 사람이 된다거나 하는, 현실적으로 일어날 수 없는 일도 종종 묘사되지요.

그리스 로마 신화나 북유럽 신화처럼 상대적으로 잘 알려진 유럽 신화들은 우리에게 매우 익숙합니다. 이들은 다양한 영화나 드라마, 소설 등의 작품으로 재해석되며 끊임없이 교훈을 줍니다. 고전으로 탄탄히 자리를 잡은 셈이지요. 하지만 아즈텍 신화는 상대적으로 덜 알려져 있고, 스페인에서 온 정복자들에 의해 미개하고 잔혹한 문명으로 잘못 소개되면서 세상에 빛을 발할 기회를 잃었습니다.

앞에서 잠시 설명한 것처럼 아즈텍 제국에는 인신 공양 풍습이나 해골 걸이 촘판틀리 등 오늘날의 관점에서 잔혹하고 무시무시하게 보이는 문화와 풍습이 있었습니다. 하지만 독자 여러분이 이 다채로운 문명을 세간에 알려진 것처럼 피로 물든 잔인한 사회로만 인식하지는 않았으면 합니다. 그곳에 살던 사람들도 유라시아 문화권에서 살던 이들과 비슷한 사람들이었습니다. 낮 동안에는 농사를 짓거나 이런저런 활동을 하고, 밤에는 모닥불 주변에 둘러앉아 다양한 전설 속 이야기를 서로 나누었지요.

그럼, 마음을 열고 아즈텍 신화의 세계로 들어가볼까요?

모든 것이 아직 칠흑같은 어둠에 잠겨 있을 때,
아직 동쪽에서 해가 떠오르지 않은 때,
신들은 한곳에 모여 의견을 나누었다.

한밤이 되자,
모든 신들이 나흘간 불이 타올랐던
테오테스칼리Teotexcalli 화덕 주변에 둘러앉았다.

나나우아친Nanahuatzin이 갑자기 대담하게
'해를 창조하겠다'라고 선언했다.
그는 마음을 굳게 먹고 눈을 감았다.

그는 겁을 먹지도, 갑자기 멈추지도 않았다.
머뭇거리지도 돌아서지도 않았다.
단번에 불에 몸을 던졌다.

— 디린체 고문서 中

오묘하고 복잡한
아즈텍 신화

3장 새로운 세상이 열리다

아즈텍 신화 속의 가장 중요한 신들

태초에 시간이 있었습니다. 현재에서 뒤를 돌아보면 불확실한 과거가 보이고, 앞을 보면 상상하기조차 버거운 무한한 미래가 펼쳐지지요. 아즈텍인은 인간이 시간의 흐름을 파악하고 기록을 남기기 시작할 때(넓은 우주 안에서 자신의 위치를 이해할 때) 비로소 문명화된다고 생각했습니다.

아즈텍 문명에서는 한 세기를 52년으로 보았습니다. 새로운 도시국가를 공식적으로 건설할 때마다 아즈텍인들은 지난 세기를 매듭짓고, 매듭지은 연도를 기록으로 남겨 도시국가의 탄생을 축하했습니다. 그리고 다시 기록을 이어나갔지요. 동시에 아즈텍인은 규칙적으로 반복되는 260일 주기의 제의용 달력도 사용했습니다.

수 세기가 흐르고, 유럽인이 아즈텍 제국을 정복하고 긴 시간이 지난 뒤에도 아즈텍 제국의 후손인 멕시코 사람들은 시간을 파악하고 기록하는 법을 보존하고 기억하며 오래된 전통 방식을 고수했습니다.

아즈텍인의 달력: 시우포우알리와 토날포우알리

거의 모든 옛 메소아메리카 문명과 마찬가지로 아즈텍 문명도 시간을 두 가지 다른 방식으로 측정했습니다. 태양력에 기반한 1년 주기의 달력 '시우포우알리Xiuhpohualli'와 복잡하게 반복되는 요일 주기 달력 '토날포우알리Tonalpohualli'를 사용한 것이지요(365일을 1년으로 삼고 북유럽 신의 이름을 딴 요일을 함께 사용하는 유럽 달력도 이와 비슷하다고 볼 수 있습니다).

태양력에 기반한 시우포우알리는 1년을 18개월, 한 달을 20일로 계산해 나온 360일에, 네몬틀리Nemontli(어디에도 속하지 않는 불운한 날) 5일을 더해 총 365일이었습니다. 불운한 날인 네몬틀리에 사람들은 매일 동이 트기 전 이른 아침, 해가 뜨길 기다리며 어둠 속에서 기도를 올렸다고 합니다.

제의에 주로 사용된 종교력인 토날포우알리는 영적인 날의 주기를 따르는 방식입니다. 1부터 13까지의 숫자와 기호 20개가 주기적으로 반복되며 260개의 '숫자-기호' 쌍을 이루지요.

이렇게 날짜를 세는 방법을 고안해낸 것은 아마 아즈텍 문명의 산파가 아니었을까 추측하는 학자들이 있습니다. 여성이 아이를 잉태하고 월경이 멈춘 날부터 출산일까지의 기간을 계산하면 대략 260일에 가깝기 때문입니다. 아즈텍 사람들은 토날포우알리에 따라 새로 태어난 아이의 생일에 맞추어 이름을 지어줬습니다.

시우포우알리(365일)와 토날포우알리(260일)가 겹치는 주기는 52년(18980일)마다 다시 반복되므로, 아즈텍은 52년을 한 시대의 주기, 즉 세기로 묶어 기록했습니다. 오늘날 우리가 100년을 한 세기로 여기고 새로운 세기를 맞이하는 것과 비슷한 이치지요. 아즈텍 달력은 복잡한 셈법을 따랐기에 현대인인 우리가 완전히 이해하기는 어렵지만, 당시 제국을 다스리

아즈텍 태양석 ▶ 지름 3.6미터, 두께 1미터, 무게 25톤에 달하는 거대한 돌이다. 스페인 정복자들이 아즈텍 제국을 침략하고 멕시코시티 중앙 광장에 묻어두었던 것을 1790년에 대성당을 수리하던 중 다시 발견했다. 이 거대하고 판판한 돌이 무엇에 쓰였을지를 둘러싸고 아직 학계의 논란이 이어지고 있다.

기호	나우아틀어(뜻)	기호	나우아틀어(뜻)
	시팍틀리Cipactli (악어)		오소마틀리Ozomatli (원숭이)
	에헤카틀Ehecatl (바람)		말리날리Malinalli (풀)
	칼리Calli (집)		아카틀Acatl (갈대)
	쿠에츠팔린Cuetzpallin (이구아나)		오셀로틀Ocelotl (재규어)
	코아틀Coatl (뱀)		쿠아우틀리Cuauhtli (독수리)
	미키스틀리Miquiztli (죽음)		코스카쿠아우틀리 Cozcacuauhtli (콘도르)
	마사틀Mazatl (사슴)		올린Olin (움직임, 흔들림)
	토츠틀리Tochtli (토끼)		텍파틀Tecpatl (부싯돌칼)
	아틀Atl (물)		키아우이틀Quiahuitl (비)
	이츠쿠인틀리Itzcuintli (개)		쇼치틀Xochitl (꽃)

토날포우알리 날짜 기호 ▶ 아즈텍 문명에서 주로 종교적 제의에 사용되던 달력 '토날포우알리'에서는 마치 7개 요일이 반복되는 것처럼 20개의 기호가 반복된다.

던 지배자와 제관이 엄격한 규율에 따르며 날짜 계산을 신성시했음을 알 수 있습니다.

다섯 번째 태양의 시대

아즈텍인들은 기나긴 시간이 흐르면 결국 비극적인 종말이 찾아오지만 언제나 다시 새 생명이 싹튼다고 믿었습니다. 아즈텍 신화에서는 오늘날의 태양이 존재하기 전에 이미 네 번의 태양이 있었다고 봅니다. 즉 세상이 네 번 파괴되고 새롭게 탄생한 것이지요. 서로 다른 지역과 종족에서 디테일한 사건과 사소한 부분은 다르게 전해지지만 신화의 큰 흐름은 대체적으로 다음과 같습니다.

지금의 세상이 도래하기 전에 네 세계가 있었습니다. 차례로 재규어의 시대, 바람의 시대, 비의 시대, 물의 시대이지요. 첫 시대에 살던 사람들은 재규어를 비롯한 맹수들에게 잡아먹혔고 세상은 종말을 맞이했습니다. 두 번째 바람의 시대에는 거대한 바람이 불어왔지요. 콩을 먹고 살던 사람들은 바람에 날아가지 않기 위해 나무에 매달렸다가 원숭이로 변했고, 이 시대도 곧 저물었습니다. 세 번째 비의 시대에는 물가에서 농사를 짓던 사람들에게 갑자기 화염 비가 쏟아져 세상이 멸망했지요. 그리고 네 번째 물의 시대에 사람들은 옥수수를 주식으

아즈텍인이 남긴 일식 그림 ▶ 아즈텍 사람들은 다른 문화권과 마찬가지로 하늘의 태양과 달에서 영감을 얻었고, 때때로 일식을 예측했다. 어떤 원주민 화가들은 유럽 양식을 받아들여 해와 달을 창의적으로 묘사하기도 했다.

로 삼았는데, 갑자기 대홍수가 일어나 세상이 멸망했습니다.

이런 네 시대 이야기는 3세기경 시틀레 화산Xitle 폭발로 파괴된 거대한 도시국가 쿠이쿠일코Cuicuilco에 대한 주변 부족의 공통된 기억에서 비롯되었을 가능성이 높습니다. 아니면 그저 상상력이 풍부한 옛 시인이나 이야기꾼, 또는 신관이 새로운 세상을 창조한 전지전능한 신의 온갖 파괴 행위에 대한 이야기를 지어낸 것일 수도 있지요.

이후 사람들은 다섯 번째 시대에 새로 태어난 태양 아래에서 살아갔습니다. 이 태양이 태어난 '4-움직임'의 날을 나우아틀어로 하면 '나우이 올린Nahui Olin'인데, 이 단어의 어원인 '올리니Olini'는 땅이 크게 흔들리는 대지진을 암시합니다. 아즈텍 제국에서 지진은 항상 사람들을 위협하는 두려움의 대상이었지요. 이 다섯 번째 태양을 둘러싼 이야기는 좀 더 구체적이고 흥미롭습니다.

용기 있는 신, 나나우아친

네 번째 시대가 저문 뒤 모든 것이 아직 어둠에 둘러싸여 있고 태양도 아직 빛나지 않았으며 동이 트지 않던 옛날 옛적, 신들이 테오티우아칸에 모여 이야기를 나누었습니다(테오티우아칸은 멕시코에서 가장 오래된 유서 깊은 도시입니다. 테오티우아칸을 건설한 이들이 어떤 종족이었는지는 모르지만, 아즈텍은 이 유적을 보고 경외감에 가득 차 나우아틀어로 '신의 탄생지' 또는 '신들의 장소'라고 이름 을 붙였지요). 테오티우아칸에 모인 신들은 서로 누군가가 앞장서서 필요한 일을 해주길 바랐습니다. 그때 한 신이 큰 소리로 이렇게 외쳤습니다.

"누가 짐을 질 것인가? 누가 스스로 불에 뛰어들어 태양이 되고, 빛과 새벽을 불러오겠는가!"

그러자 자만심이 강했던 신 텍시스테카틀Tecciztecatl이 바로 대답했습니다.

"내가 나서겠소!"

그러나 신들은 다시 물었습니다.

"다른 이는 없는가?"

이번에는 아무도 나서지 않았지요.

신들 중에는 종기로 뒤덮이고 초라한 나나우아친Nanahuatzin도 있었습니다. 그는 다른 신들 사이에 서서 그저 이야기를 듣고만 있었지요. 몇몇 신이 그에게 말했습니다.

"자네가 적임자일세, 나나우아친."

나나우아친은 이를 받아들였지요.

"그렇다면 저도 함께하겠습니다."

텍시스테카틀과 나나우아친은 며칠간 신성한 과제에 임할 준비를 갖추었습니다. 나흘 뒤 자정, 신들은 이들에게 옷을 입히고 텍시스테카틀에게는 흰 물새의 깃털로 된 머리 장식을, 나나우아친에게는 종이로 만든 왕관을 건넸습니다. 시간이 되자 텍시스테카틀은 거대한 불에 뛰어들기 위해 앞으로 나섰습니다. 그러나 열기가 그를 감싸자 겁에 질려 멈춰섰고, 뒤로 물러났지요. 얼마 지나 열기가 가시자 그는 다시 시도했습니다. 텍시스테카틀은 무려 네 번이나 불에 몸을 던지려고 했으나 성공하지 못했습니다.

나나우아친의 차례가 되자, 나나우아친은 마음을 단단히 먹고 눈을 꼭 감았습니다. 그는 겁을 먹지 않았고, 멈추지도 않았습니다. 머뭇거리지도 돌아서지도 않았지요. 나나우아친은 단번에 몸을 불에 던졌습니다. 그러자 거센 불이 일렁이며 그에게 붙었습니다. 나나우아친의 몸은 타닥거리며 타들어갔고 지글거리며 불타올랐습니다. 나나우아친이 성공하는 모습을 본 텍시스테카틀은 뒤늦게 불구덩이에 몸을 던졌습니다. 그러나 영광은 오롯이 나나우아친의 것이었지요. 다른 신들은 하늘에 두 개의 태양이 떠오르는 것을 막기 위해 텍시스테카틀에게 토끼를 던졌습니다.

신들은 무슨 일이 일어날지 기다렸습니다. 그들은 불에 몸을 던진 나나우아친이 태양이 되어 어디에서 등장할지 확인하기 위해 사방을 둘러보았습니다. 이윽고 붉은 태양이 떠올랐습니다. 태양은 계속 양쪽으로 흔들렸고, 눈이 멀 정도로 밝아 똑바로 바라볼 수 없었지요. 어둠 뒤에 빛이 따르듯, 죽음 뒤에 영광 가득한 새로운 생명이 탄생했습니다. 그렇게 나나우아친은 태양의 신 '토나티우Tonatiuh'가 되었습니다. 한편 나나우아친의 뒤를 따라 불에 뛰어든 텍시스테카틀은 신들이 던진 토끼 때문에 달의 신 '메츠틀리Metztli'가 되었지요.

자연물에 깃든 신성

나나우아친의 순수한 용기와 희생은 세상에 밝은 빛을 가져왔습니다. 다섯 번째 태양이 밝히는 세상은 찬란하고 풍요롭고 아름다웠지요.

이 이야기의 다른 버전에 따르면 달과 마찬가지로 독수리와 재규어도 나나우아친의 뒤를 이어 불 속으로 뛰어들었다고 합니다. 자신도 동족을 위해 모든 위험을 감수하는 전사들처럼 용감하다는 사실을 증명한 것이지요. 그뿐만 아니라 옛 아즈텍 신화에는 다음과 같은 이야기도 전해 내려옵니다.

"태양을 창조하려 했던 다른 존재들을 따라 독수리도 날아올랐다. 독수리는 불 속으로 갑자기 몸을 던졌다. 불이 여전히 타오르는 동안 뛰어든 것이다. 그러자 독수리의 날개는 그을린 것처럼 까맣게 되었다. 그 뒤를 이어 재규어도 불에 뛰어들었다. 그러나 불길은 이미 사그라들어 처음처럼 기세 좋게 타오르지 않았다. 그래서 재규어는 불꽃에 여기저기 그을리는 데 그치고 말았다. 그에게는 마치 검댕이 튄 것처럼 여기저기 검은 반점이 남았다. 용맹한 사람을 '독수리 전사' 그리고 '재규어 전사'라고 부르는 것은 바로 여기에서 비롯되었다."

독수리가 날아오르고 재규어가 포효하는 모습은 사람들의 가슴을 뒤흔들었습니다. 아즈텍 시인들은 그 순간을 기록해 후대에 오래오래 전달하고자 했지요. 사실 자연에 파묻혀 살던 아즈텍에게 세상은 어디를 보든 가슴 떨리는 놀라운 곳이었을 겁니다. 호수와 강에는 청록색 물이 넘실거렸고, 물 속에는 물고기가 유유히 노닐었고, 비가 온 뒤에는 무지개가 빛났으며, 새들이 저마다 노래하며 날아오르고 들꽃은 제각각 다른 색으로 피어났을 테니까요. 아즈텍인은 땅 위의 온갖 만물에 신이 부여한 의미가 있다고 생각했습니다. 땅 위의 용맹한 동물들과 아름다운 풍경이 그 사실을 깨닫게 해주었지요. 화가, 시인, 이야기꾼은 그림과 노래 가사를 통해 이런 아름다움을 묘사했습니다.

전 세계 다양한 문화권의 여러 신화를 읽어보면 태초에 선과 악이 존재했고, 빛과 어둠이 나뉘었다는 등의 이원론적 세계관이 강하게 드러납니다. 그러나 아즈텍 신화는 일원론적 세계관 또는 양면적 세계관의 좋은 예시입니다. 수십 년간 나우아틀어와 아즈텍 문명을 연구했던 한 인류학자는 이렇게 말했습니다.

자연을 사랑했던 아즈텍인 ▶ 피렌체 고문서에 담긴 그림으로 자연의 모든 면면이 담겨 있다. 아즈텍 사람들은 자연물에 신의 정기가 담겨 있다고 여겨 소중히 생각했다.

"일원론이란 사람들이 모든 생명체, 무생물, 자연적인 과정을 한 존재의 근간 또는 기반으로 바라보는 세계관이다. 이런 근간적인 힘과 근본적인 특성은 대부분 눈에 보이지 않으므로 일상에서 명확히 감지하기 어렵다. 그러나 전능하고 신성하며, 어디에나 존재한다."

아즈텍의 노래에서는 종종 '생명을 주는 자'라는 의미의 '이팔네모아니Ipalnemoani' 또는 '모든 사물 곁에 있는 존재'라는 의미의 '틀로케나우아케Tloquenahuaque'가 언급됩니다. 이는 모든 인간을 모든 자연과 한데 묶는 신의 섭리에 대해 이야기하는 개념으로 생각할 수 있습니다. 이런 해석에 따르면 아즈텍 종교는 본질적으로 서구의 종교와 달리 선과 악을 구분하지 않고, 서로 뒤섞인 무언가로 보았습니다. 그들의 관점에서 신성은 어디에나 존재하며, 다양한 존재로 가장해 인간 앞에 모습을 드러냈을 뿐이지요.

서양 학자들은 고대 그리스 신화 속 신처럼 완벽하게 구분되는 아즈텍 신을 찾아 서양 신화에 대응시키고자 했으나 이는 불가능했습니다. 아즈텍 신화 속 신들은 그 이름과 특성이 다양했을 뿐만 아니라 서로 중첩되어 어느 신이 무엇을 관장하는지 파악하기가 어려웠지요. 누군가가 만들던 저녁 요리에서 신이 모습을 드러내기도 했고, 펠리컨 뱃속에서 발견된 보석에서 갑자기 신성이 나타나기도 했지요. 그밖에도 굽이치는 강, 밤하늘의 별똥별, 비 온 뒤 무지개, 때로는 바람에도 신성한 이름이 붙었습니다. 아즈텍인들은 이런 자연물에서 신성을 느끼고 세상의 섭리를 이해했습니다.

아즈텍인이 믿었던 세 주요 신

모든 소규모 종족 또는 알테페틀Altepetl(한 종족이 모여 사는 도시국가)에는 변화무쌍한 속성을 지닌 수호신이나 신성이 있었습니다. 사람들은 신의 현신現身에 이름을 붙였고, 수호신을 통해 삶의 문제나 질문에 대한 해결책과 답을 얻도록 도와준 제사장에게도 같은 이름을 붙였습니다. 제사장은 어디론가 이동하거나 여정을 떠날 때 보석과 조가비, 깃털과 향긋한 잎 등 신의 성스러움을 보여주는 자연물을 담은 '꾸러미'를 들고 다녔습니다. 그리고 신전을 세울 때는 신의 뜻을 받드는 데 도움이 되길 바라며 땅에 그 꾸러미를 묻었지요.

신성한 꾸러미를 짊어진 사람들 ▶ 유럽 정복 이후의 기록물인 보투리니 고문서에 등장한 아즈텍 사람들의 모습이다. 신성한 꾸러미를 짊어지고 걷는 네 사람의 모습이 보인다.

> **한걸음더** **아즈텍 신앙의 기반, 신성한 꾸러미**
>
> 아메리카 대륙의 문화권에는 여러 종족이 저마다 '신성한 꾸러미Sacred Bundles'를 지니고 있었으며, 제의에 사용했다는 기록이 있습니다. 이 꾸러미에는 조상의 뼈, 빛나는 돌, 꽃 등 아름다운 자연물이 담겨 있었지요. 그들은 자연물에 신성이 깃들어 있다고 생각했습니다. 제사장은 이동하는 동안 계속해서 꾸러미를 들고 다니다가 정착지를 찾으면 신전 아래에 묻었습니다. 신성한 꾸러미가 부족의 심장 역할을 한다고 본 것이지요.
>
> 한 고대 메소아메리카 설화에서는 한 무리의 메쉬카가 쿨우아칸Culhuacan의 족장에게 신성한 꾸러미를 내어 축복해달라고 청했다는 기록이 있습니다. 그러나 내심 메쉬카가 두려웠던 족장은 제사장을 통해 변과 털, 포사쿠아틀Poxaquatl(변덕스럽게 나는 새) 깃털이 든 꾸러미를 전달했고, 꾸러미를 받은 메쉬카는 실망하며 다른 꾸러미를 다시 마련했다고 하지요.

메쉬카를 보호하는 주요 수호신의 이름은 '우이칠로포츠틀리Huitzilopochtli'로, 벌새를 뜻하는 '우이칠린Huizilin'과 왼손 또는 왼쪽을 뜻하는 '오포츠틀리Opochtli'의 합성어입니다. 그들은 남쪽이 세상의 왼쪽이라고 생각했기에 의역하면 '남쪽의 벌새'라는 뜻이 되기도 하지요.

아즈텍 사료를 보면 사람들이 신을 절대적인 존재로 보지 않고, 유한하고 변화무쌍한 존재로 여겼음을 알 수 있습니다.

아즈텍 신화 속 삶과 죽음 ▶ 왼쪽은 아즈텍인들이 생각했던 죽음의 세계 믹틀란을 관장하는 신 믹틀란테쿠틀리, 오른쪽은 믹틀란에서 인간의 뼈를 구해와 생명을 만들어냈다고 전해지는 신 케찰코아틀을 묘사하고 있다.

어떤 종족은 오랜 시간 사냥의 신인 '믹스코아틀Mixcoatl'을 섬겼지만 다른 집단과 연합한 뒤부터는 신의 이름을 바꾸어 좀 더 여성성을 지닌 신 '시테카틀Citecatl'을 섬겼다고 합니다. 이들에게 신의 이름은 그저 이해를 돕기 위한 부차적인 요소일 뿐이었지요. 스페인 선교사가 들은 바로 어떤 산파는 아이를 받을 때 여러 신의 이름을 차례로 불렀다고 합니다. 그들에게 어떤 신을 따를 것인지는 중요하지 않았습니다. 신성은 거대한 자연처럼 서로 뒤섞이고 어울리는 개념이었으니까요. 아즈텍이 생각했던 신성은 다음의 세 가지 섭리로 귀결되었습니다. 예측하지 못한 변화와 혼란, 모든 인간이 의존하는 풍요로운 땅, 마지막으로 경계를 넘나들며 인간의 삶에 변화를 가져다주는 창조력이었지요.

혼란의 신, 테스카틀리포카

사람들은 이 섭리들 중 첫 번째인 혼란의 신, 테스카틀리포카Tezcatlipoca(연기 나는 거울)가 가장 위대하고 강력하다고 믿었습니다. 테스카틀리포카는 아즈텍의 주요 신 중 하나로 전쟁, 죽음, 마법, 갈등, 밤 등을 관장했지요. 그는 '티틀라카우안Titlacahuan', '모요코야Moyocoya', '모케켈로아Moquequeloa', '네콕 야오친Necoc Yaotzin', '요우알리Yohualli', '테이시마티니Teixmatini' 등 여러 이름으로 변주되어 불렸습니다. 어떤 이들은 그가 생명을 주는 자인 이팔네모아니라고 생각하기도 했지요.

그는 모든 인간에게 기쁨을, 상인에게 부를, 추장에게는 권력을 주었습니다. 하지만 언제든 쉽게 앗아갈 수도 있었지요. 테스카틀리포카는 믿음이 없거나 오만한 자는 벌하는 한편, 때로는 변덕을 부려 아무런 잘못이 없는 사람에게 손해를 입히기도 했습니다. 사람들은 그에게 자비를 구했지요. 초월적인

아즈텍 신화 속 혼란의 신, 테스카틀리포카 ➤ 아즈텍족은 제의용 달력에 따라 매월 다양한 방식으로 해석되는 여러 신으로 분장하고 그들을 기렸다. 보르자 고문서에 등장한 이 그림은 바로 테스카틀리포카로, 첫 번째 태양의 시대를 관장했던 유서 깊은 신이다.

존재인 테스카틀리포카는 인간을 내려다보고 파괴하며 죽음에 이르게 하는 존재였습니다. 즉, 테스카틀리포카는 무엇이든 원하는 대로 할 수 있는 전지전능한 신이었지요.

물을 관장하는 다채로운 신, 틀랄록

두 번째는 틀랄록Tlaloc(땅에서 자라나는 것)입니다. 틀랄록은 '쇼쇼우키Xoxouhqui', '틀라마카스키Tlamacazqui'라는 이름으로도 불렸지요. 특히 유럽 정복자들은 틀랄록을 단순히 비의 신으로 여겼는데, 아즈텍인들에게 틀랄록은 훨씬 복잡하고 다채로운 신이었습니다. 그들은 틀랄록을 여러 형상을 지닌 신으로 여기며 때로는 복수형으로 '틀랄로케Tlaloque'라고 불렀습니다. 그들은 틀랄로케가 모든 산마다, 모든 샘마다 살았고 물가가 아닌 다른 곳에서도 종종 모습을 드러낸다고 생각했습니다.

틀랄록은 종종 가뭄을 막는 신 아틀라코야Atlacoya나 호수에 자라는 갈대를 관장하는 신 나파 네욱틀리Napa Neuctli와 동일시 되었습니다. 틀랄로케의 누이이자 다양한 모습의 틀랄로케를

보르보니쿠스 고문서에 묘사된 틀랄록 ▶ 틀랄록은 아즈텍 신화 속 비와 천둥, 물을 관장하는 신으로 종종 정해진 하나의 모습보다는 다채로운 모습으로 묘사된다.

이끄는 여신 신테오틀Cinteotl은 작물이 풍성하게 자라는 것을 관장했으며 치코메 코아틀Chicome Coatl이라고도 불렸습니다. 틀랄록은 지상의 신인 틀랄테쿠틀리Tlaltecuhtli를 괴롭히거나 자비를 베푼다고 전해지지요.

틀랄록에게 찰치우틀리쿠에Chalchiuhtlicue라는 배우자(또는 여자 형제)가 있었다는 설도 있는데, 몇몇 학자들은 찰치우틀리쿠에가 틀랄로케 중 하나라고 보기도 합니다. 찰치우틀리쿠에는 파도와 물의 소용돌이에서 살며 인간의 배를 뒤집는 신으로, 종종 틀랄록과 함께 비에 동일시되었습니다. 가뭄과 기근이 오면 사람들은 찰치우틀리쿠에에게 비를 내려달라고 다음과 같이 간절하게 빌고 기도했지요.

"평범한 사람들이 죽어가고 있습니다.
눈꺼풀이 붓고, 입이 말라 입술이 얇아지며,
목구멍의 색이 바랬습니다.
아이들에게서 전혀 활기를 찾아볼 수가 없습니다.
뒤뚱거리고, 기고, 요람에 누운 아이들까지
모두 고뇌와 고통을 마주하고 있습니다.
어찌 인간에게 이러한 고통을 주십니까?"

이렇듯 다양한 신과 유사한 신으로 여겨지거나 때로는 동일시되지만 틀랄록은 아즈텍 신화에서 중요한 위상을 차지합

찰치우틀리쿠에를 묘사한 조각 ▶
중부 멕시코 전역에서 찰치우틀리쿠에를 묘사한 조각상을 볼 수 있다. 이는 찰치우틀리쿠에가 아즈텍 문명에서 중요한 의미를 지닌 신이었음을 암시한다.

니다. 그는 앞에서 말한 네 시대 중 비의 시대를 관장한 신이었습니다. 더불어 틀랄록은 스스로 전지전능한 능력을 행했던 테스카틀리포카와는 달리 여러 부관의 도움을 받아 물을 관리했다는 이야기도 있습니다.

인간의 창조자, 케찰코아틀

마지막은 케찰코아틀Quetzalcoatl(깃털 달린 뱀)로, 그 특징을 설명하기 가장 복잡하고 어렵습니다. 케찰코아틀은 땅에서 하늘로 옮겨다니며 경계를 넘는 존재이자 아즈텍 제사장의 보호신이었습니다. 케찰코아틀은 테스카틀리포카와 마찬가지로 바람과 폭풍에도 깃들었으며, 틀랄로케를 위해 빗자루로 길을 쓸어내는 자라는 별명도 있었습니다. 그러나 케찰코아틀의 가장 큰 특징은 열정과 창의력, 즉 눈에 보이는 현실보다 더 훌륭한 무언가를 향해 나아가고자 하는 점이었지요.

케찰코아틀은 뛰어난 예술성과 장인 정신을 관장하는 신이었습니다. 아즈텍 설화의 한 버전에서는 케찰코아틀이 잿더미로 (또는 이전 시대에 살았던 이들의 뼈로) 인간을 만들고, 사람들을 먹일 옥수수도 만들어냈다고 전합니다.

케찰코아틀은 언제나 창조, 출생과 관련 있는 신이었고 때로는 '인간의 창조자'란 의미의 '테요코아니Teyocoani'라고 불리기도 했습니다. 때로 산파들은 용감한 전사이자 모성의 여신인 시우아코아틀Cihuacoatl(또는 킬라스틀리Quilaztli)와 케찰코아틀을 짝지어 생각하기도 했습니다.

그러나 창조는 때때로 파괴를 동반하기 마련이지요. 케찰코아틀은 샛별과도 연관이 있었는데, 아즈텍 사람들은 샛별이 뜰 때 특정 집단에 속하는 사람(가령 노인이나 어린아이 등)에게 죽음을 가져다준다고 생각했습니다. 즉, 케찰코아틀은 창조자인 동시에 파괴자였던 것이지요.

산파는 케찰코아틀 테요코아니(때로는 두 이름을 더해 이렇게 부르기도 했습니다)와 시우아코아틀에게 기도하며 산모의 출산을 도왔지요. 한편 어떤 설화에서는 케찰코아틀이 아닌 '오메테쿠틀리Ometecuhtli'와 그 배우자인 '오메시우아틀Omecihuatl'이 아이의 탄생을 관장했다고 전합니다. 이들은 평범한 신계의 상위에 존재했던, 우주의 최고신을 가리킵니다.

한편으로는 케찰코아틀이 인간을 창조할 재료를 얻고자 이전 시대에 남은 뼈를 구하러 죽은 자의 땅이자 지하 세계인 믹틀란Mictlan으로 향했을 때, 믹틀란테쿠틀리Mictlantecuhtli와 믹테카시우아틀Mictecacihuatl이 방법을 가르쳐주었다는 이야기도 전해집니다. 이런 모든 점을 종합했을 때 케찰코아틀은 아즈텍 신화 속 여러 신들 중 인간을 가장 아끼고 사랑하며, 인류와 직접적으로 연관이 있는 신이었다고 볼 수 있습니다.

테스카틀리포카, 틀랄록 그리고 케찰코아틀은 저마다 다른 특징을 가지며 서로 다른 분야를 관장했습니다. 그러나 서로 배타적인 신들은 아니었지요. 이들은 부족한 점을 채워주는 상호 보완적인 개념에 가까웠습니다. 결론적으로 아즈텍 신화에서 주요 세 신의 특징은 하나로 수렴하고, 다른 관점에서 보면 본질적으로 같았다는 개념으로 돌아옵니다. 여기서도 아즈텍인의 일원론적 세계관이 잘 드러나지요.

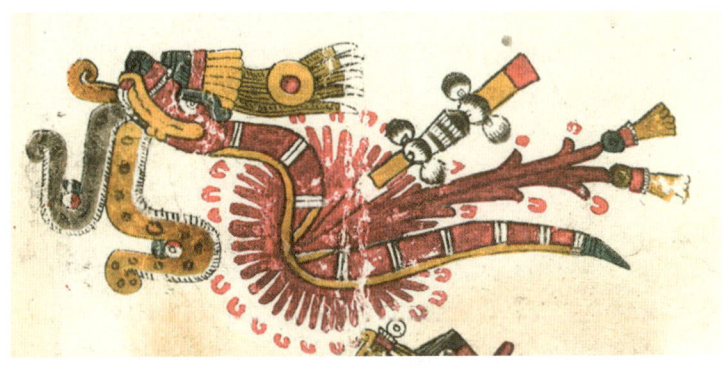

보르자 고문서에 등장하는 케찰코아틀 ▶ 케찰코아틀은 종종 깃털 달린 뱀으로 묘사되는 아즈텍의 주요 신으로, 인간을 위해 기꺼이 스스로를 희생하는 존재로 여겨졌다.

한 걸음 더 　아즈텍은 어떤 공동체를 이루었을까?

아즈텍 사람들은 종족의 주권과 유대를 중시했습니다. 이들은 작은 종족 단위로 공동체를 이루고 살았고, 작은 공동체가 모여 큰 공동체를 형성했지요. 각 종족은 자치권을 누리는 동시에 공동체의 구성원이 되어 서로 평화롭게 공존했습니다.

아즈텍인에게 가장 중요한 공동체 단위는 '알테페틀Altepetl'이었습니다. 알테페틀은 단어 그대로 해석하면 '물과 산'이라는 뜻으로, 같은 종족끼리 모여 사는 도시국가를 가리킵니다. 알테페틀로 인정받은 모든 도시국가에는 '틀라토아니Tlatoani'가 있었습니다. 틀라토아니는 '말하는 자'라는 뜻으로 종족을 대표해 목소리를 내는 추장 또는 왕이라고 생각하면 됩니다.

각 알테페틀은 '칼풀리Calpulli' 또는 '틀락실라칼리Tlaxilacalli'라는 더 작은 공동체로 구성되어 있었지요. 이 집단은 혈통으로 이어지는 지도자 '테쿠틀리Tecuhtli'가 관장했고, 그의 친척은 '필리Pilli'(귀족을 뜻함, 복수형은 피필틴Pipiltin)라고 불렸습니다. 위기 상황이 닥치면 테쿠틀리는 틀라토아니에게 도전장을 내밀기도 했습니다. 그러나 보통의 경우 각 칼풀리는 평화를 유지했지요. 가령 어느 해에는 한 칼풀리에서 신전을 보수하고, 다음해에는 다른 칼풀리가 비슷한 일을 맡는 식으로 말입니다.

때로는 알테페틀 여럿이 '우에이 알테페틀Huey altepetl'(큰 알테페틀)을 구성하기도 했습니다. 이 경우 각 구성 집단 또는 '틀라야카틀Tlayacatl'(하위 알테페틀)은 독자적인 틀라토아니를 두었지만 때로는 모두 함께 합의해 하나의 통일된 집단으로 외부의 위협에 맞섰습니다. 즉 알테페틀은 구성원들의 의향에 따라 그 규모가 변할 수 있는 유동적인 특징을 지녔지요.

알테페틀을 묘사한 그림 ➤ 알테페틀을 그린 그림문자에는 언제나 물을 상징하는 피라미드 모양 산이 들어가며, 마을 이름은 위에 표기한다. 유일한 예외는 아즈텍 제국의 패권 도시국가 테노치티틀란을 가리키는 기호로, 돌 위에 선인장이 놓인 모습으로 묘사되고 때로는 장소를 뜻하는 기호가 붙었다.

4장 개성 넘치는 다채로운 신들

믹스코아틀부터 코욜사우키까지, 신적인 존재들

여러 문화권에서 신들은 단순한 신화와 전설에서 벗어나 오래된 옛이야기의 주인공 또는 실존 인물과 동일시됩니다. 먼 과거로 거슬러 올라가면 신화와 설화의 구분이 모호해지기도 하지요. 이야기 속에서 신들은 우리 인간과 다를 바 없이 살아가고, 때로는 인간 사회에 자연스럽게 스며듭니다. 심지어 어떤 전설은 신이 영적 존재가 아니며 먼 과거에 실존했던 태초의 인간 중 하나일 뿐이라고 묘사하기도 하지요. 섬기던 신으로부터 힘을 부여 받아 그의 뒤를 잇는 반신반인의 신비한 이야기도 종종 등장합니다.

우리는 이런 다양한 이야기를 통해 신화에 대한 서로 다른 해석을 엿볼 수 있습니다. 한 명의 주인공이나 하나의 이야기가 조금씩 변형되며 후대로 전달되기 때문입니다. 아즈텍 신화도 마찬가지입니다. 오래된 옛이야기 속에 신이 인간적인 모습으로 등장하기도 합니다. 강력한 여신 이츠파팔로틀Itzpapalotl(흑요석 나비)은 멕시코 분지에 정착한 한 종족 치치메카에게 사냥하는 법을 가르쳐준 이로 알려져 있습니다. 터전을 찾아 남하했던 호전적인 아즈텍의 기질을 반영하는 설화이지요. 이츠파팔로틀은 이렇게 말했습니다.

"동쪽으로 가서 활을 쏘아라.
그런 뒤에는 북쪽의 사막으로 가서 활을 쏘아라.
다음으로 서쪽으로 가서 활을 쏘아라.
마지막으로, 정원의 땅이자 꽃의 땅으로 가서 활을 쏘아라."

이츠파팔로틀은 치치미메Tzitzimimeh를 이끄는 우두머리이기도 했습니다. 치치미메란 아즈텍 신화 속 영혼, 악령들이 사는 세상으로 별, 특히 일식과 관련된 정령의 집단이었습니다. 또한 이츠파팔로틀은 아즈텍 신화 속 중요한 신이자 영웅으로 여겨지는 믹스코아틀Mixcoatl의 어머니로 그려지기도 합니다. 더불어 이츠파팔로틀은 아이를 낳다 죽은 산모의 혼을 달래주는 신이었지요. 아즈텍 신하 속에는 다양한 남신과 여신이 등장하지만, 이츠파팔로틀은 그중에서도 가장 특징적이고 강력한 여신 중 하나입니다.

아즈텍 문명의 중요한 유산, 활과 화살 ▶ 틀락스칼라 골짜기의 쿠아우틴찬에 살던 이들은 톨테카 치치메카사Historia Tolteca Chichimeca를 남겼다. 그들의 이야기에서 활과 화살은 중요한 역할을 한다.

다른 이야기에는 이츠파팔로틀과 관련한 인물이 한 명 나오는데, 바로 '시우틀라쿠일롤쇼치친Xiuhtlacuilolxochitzin'이라는 여인입니다. 그녀는 뛰어난 지식과 재능을 지닌 인물로, 어느 추장의 부인이었다가 그가 사망한 뒤 스스로 통치자가 되었다고 전해집니다. 그녀는 이츠파팔로틀의 힘을 불러일으키는 능력으로 스스로의 길을 개척한 여성으로 묘사되지요. 이츠파팔로틀에 관한 여러 신화에는, 살아가는 것은 고난의 연속이지만 신을 만난다면 옳은 길을 찾을 수 있다는 메소아메리카 원주민들의 생각이 고스란히 담겨 있습니다.

믹스코아틀 설화: 케찰코아틀의 아버지

한편 이츠파팔로틀의 아들 믹스코아틀(어떤 문헌에서는 다르게 기록하기도 합니다)은 사냥의 신으로, 아즈텍 제국을 이룬 여러 부족으로부터 신적 존재이자 영웅으로 대접을 받습니다. 이 인물의 생애에 대해 살펴봅시다.

사냥의 신 믹스코아틀 ▶ 벨레리아노 레벤시스 고문서에 묘사된 사냥의 신 믹스코아틀로, 화살과 음식이 든 주머니를 들고 있다. 믹스코아틀은 틀랄록과 틀랄테쿠틀리와도 밀접한 연관이 있다.

믹스코아틀에게는 400여 명의 자식이 있었지만 누구도 그의 마음에 차지 않았습니다. 강력한 믹스코아틀은 자식들에게 새를 주며 그 깃털로 화살을 만들어 사냥을 나가고, 잡은 사냥감을 자신에게 제물로 바치라고 명했습니다. 그러나 아무도 믹스코아틀의 말을 듣지 않았고, 심지어 어떤 아들들은 간음을 지지르고 '풀케Pulque'라는 이름의 술을 마시며 시간을 낭비했습니다. 화가 난 믹스코아틀은 가장 아끼는 자식 다섯에게 형제들을 모조리 죽이라고 명했고, 그들은 아버지의 뜻에 따랐지요. 하지만 자식들 중 일부는 살아남았습니다.

어느 날 믹스코아틀의 살아남은 자식 중 둘이 사슴 사냥을 나갔습니다. 그들은 밤새 사슴을 쫓았는데, 사슴 두 마리가 여성으로 변신해 그들을 유혹했습니다. 둘 중 하나는 유혹에 넘어갔고, 그러자 그녀는 그의 심장을 뜯어냈습니다. 다른 하나는 여성이 선인장에 걸린 틈을 타 달아났지요. 살아남은 이는 죽은 형제를 기리며 집으로 돌아왔습니다. 그는 남은 형제들과 함께 이츠파팔로틀의 현신으로 알려진 존재를 불태운 뒤 백성들을 위해 '신성한 꾸러미'를 만들었습니다. 이렇게 보호신으로부터 새 힘을 부여받은 믹스코아 사람(또는 믹스코아틀)은 점차 세력을 확장하고 정복을 시작했지요.

그러던 어느 날, 믹스코아틀은 '치말만Chimalman'이라는 여인을 만났습니다. 치말만은 세력이 약한, 작은 종족 출신이었지요. 믹스코아틀은 그녀에게 화살을 쏘았습니다. 그러자 치말만은 몸을 숙여 화살을 피했지요. 믹스코아틀이 다시 화살을 쏘자 이번에는 옆으로 피했습니다. 다음 화살은 교묘하게 손으로 잡았고, 네 번째 화살은 그녀의 다리 사이로 지나갔습니다. 화살을 피한 치말만은 믹스코아틀에게서 달아나 골짜기로 몸을 숨겼습니다. 그러나 믹스코아틀이 계속해서 그녀의 종족에게 폭력을 휘두르자 사람들은 그녀를 믹스코아틀에게 보내기로 결정했습니다. 결국 치말만은 믹스코아틀의 부인이 되었고, 곧 신적 존재를 잉태했습니다. 믹스코아틀과 치말만 사이의 자식이 바로 앞에서 살펴본 위대한 신 '케찰코아틀'이었지요. 이들의 이야기는 분노와 고통 속에서 위대하고 창조적인 존재가 탄생하기도 한다는 교훈을 줍니다.

한걸음 더 | 메소아메리카의 전통 술, 풀케

아즈텍인은 용설란을 무척 귀하게 여겼습니다. 용설란은 멕시코에서 많이 자라는 다육식물로, '아가베Agave'라고도 하지요. 그들은 속이 꽉 찬 용설란 잎을 발효시켜 '풀케'라는 술을 만들었습니다. 오늘날 전 세계적으로 유명한 멕시코의 독주 테킬라도 바로 용설란 수액을 발효시키고 증류해 만들지요.

아즈텍인들은 용설란 껍질로 종이를 만들고, 섬유는 꼬아서 실을 만들었습니다. 잎 가장자리의 가시로는 바늘을 만들었지요. 뿌리는 끓여서 먹고, 잎으로는 지붕을 이었습니다.

아즈텍인은 풀케를 매우 좋아하고 즐겨 마셨습니다. 그러나 설화 속에는 풀케를 많이 마시고 취해 주변에 나쁜 짓을 저질렀다는 교훈적인 이야기도 등장하지요. 아즈텍 사회에서 풀케를 마음껏 마실 수 있는 이는 노인뿐이었습니다. 임산부도 고통을 달래기 위해 풀케를 마실 수 있었으며 청년층의 풀케 음주는 금지되었다고 전해집니다.

케찰코아틀 설화: 동쪽으로 떠나버린 신

케찰코아틀 설화는 여러 다양한 버전으로 전해지지만 본질적으로 유사한 메시지를 담고 있습니다. 용감한 치말만이 케찰코아틀을 낳았다는 것이지요. 일부 다른 버전에서는 치말만이 믹스코아틀을 만나서가 아니라 '마법의 돌'로 케찰코아틀을 잉태했다는 이야기가 있고(아메리카 대륙의 여러 원주민 설화에서 영묘한 힘을 지닌 돌은 종종 원치 않는 임신을 비유하는 소재로 쓰입니다.), 그래서 태어난 아들에게 아버지가 누구인지 가르쳐주지 않았다는 이야기도 있습니다.

어찌 되었든 케찰코아틀은 아즈텍 신화에서 가장 중요한 인물 중 하나입니다. 케찰코아틀을 인간적인 존재로 그린 한 이야기에서는 그가 보석과 무지개색 깃털로 화려한 신전을 지었고,

아즈텍인에게 초콜릿과 도기를 가져다주었다고 묘사합니다.

다른 이야기에서는 테스카틀리포카가 케찰코아틀과 불화를 일으켰다는 내용이 전해집니다. 테스카틀리포카가 케찰코아틀에게 거울을 가져다주자, 케찰코아틀이 스스로의 모습을 확인하고 실망했다는 이야기지요. 거울을 본 케찰코아틀은 자신이 이 세상과 자연처럼 만큼 아름답기는커녕 오히려 추하게 생겼다는 사실을 깨닫습니다. 그는 사람들이 자신의 못생긴 외모를 볼까봐 다시는 사람들 앞에 나서지 않기로 다짐하고 숨어버렸지요. 그러자 시종이 그에게 터키석 가면을 만들어주었고, 이에 만족한 케찰코아틀은 다시 사람들 앞으로 나아가 신성한 의식을 주관할 수 있었습니다.

그러자 테스카틀리포카는 케찰코아틀이 자제력을 잃도록 함정을 파고 풀케를 많이 권했습니다. 만취한 케찰코아틀은 누이를 불러 동침하고 제의의 의무도 다하지 않았지요. 그러나 시간이 지난 뒤 자신이 저지른 짓을 깨달은 케찰코아틀은 부끄러움과 괴로움에 휩싸여 동쪽의 틀라팔란Tlapallan(색의 땅)으로 떠났습니다. 그가 해안까지 가는 동안 발을 디딘 곳에는 특이한 지형이 남았고, 해안에서 그는 용감하게 스스로의 몸에 불을 붙였다고 전해지지요.

케찰코아틀이 불타며 재가 날아올랐다.
온갖 귀한 새들이 하늘로 날아올랐다.

진홍저어새, 장식새, 왜가리, 금강앵무, 푸른앵무, 흰이마앵무,
온갖 다른 귀한 새가 날아올랐다.
그의 재가 모두 사라지자 케찰새가 날아올랐고,
모든 이가 그가 하늘로 떠났음을 알았다.
사람들은 케찰코아틀이 샛별(금성)이 되었다고 말했다.
그들은 그를 '새벽의 주인'이라고 불렀다.

다른 이야기에서는 케찰코아틀이라는 존재가 좀 더 호전적으로 묘사되기도 합니다. 케찰코아틀은 대부분의 이야기에서 창조적인 힘을 지닌 존재로 묘사되었지만 간혹 죽음과 파괴를 불러일으키는 신으로 그려지기도 했습니다.

케찰새와 아즈텍 머리 장식 ▶ 아즈텍 제국에서 케찰새는 신성하고 중요한 새로 여겨졌다. 케찰새 깃털로 만들어진 머리 장식(오른쪽)은 오랜 시간 몬테수마 2세의 것으로 알려졌지만 최근 왕의 소유물이 아니었을 수도 있다는 의견이 제시되었다.

우이칠로포츠틀리 설화: 강력한 전사 이야기

메쉬카에게 가장 중요한 수호신은 태양과 전쟁을 관장하는 우이칠로포츠틀리입니다. 우이칠로포츠틀리는 생명과 죽음, 풍요와 다산, 대지를 관장하는 여신 코아틀리쿠에Coatlicue에게서 완전히 무장한 전사의 모습으로 태어났다고 전해지지요. 아즈텍 사람들에게 우이칠로포츠틀리는 단순히 신화 속 전설적인 영웅일 뿐만 아니라 종족의 이동을 이끈 인물이라는 상징적인 의미도 있었습니다.

우이칠로포츠틀리에 대해 전해지는 어떤 이야기에 따르면 우이칠로포츠틀리를 낳은 여신 코아틀리쿠에는 메쉬카를 구성하는 일곱 칼풀리 중 하나인 '우이츠나와 400전사Centzon Huitznahua(센촌 우이츠나와)'의 어머니로 묘사됩니다. 어느 날 코아틀리쿠에는 깃털을 발견하고 매듭지어 심장 근처에 매달았습니다. 얼마 지나지 않아 그 깃털로 인해 생명을 잉태하게 되지요. 그러자 코아틀리쿠에의 다른 자식들은 분노하며 그들을 밀어낼지 모를 이부형제를 받아들이지 않았습니다. 형제들을 이끌며 후계자로 인정받았던 장녀 코욜사우키Coyolxauhqui(종으로 장식된 사람)는 어머니와 태중의 아이를 없애기 위해 전쟁을 벌이기로 다짐했습니다. 코아틀리쿠에는 겁에 질렸으나 태중의 아이가 자신이 보호신인 '우이칠로포츠틀리'라고 정체를 밝히자 마음을 차분히 가라앉혔습니다.

우이칠로포츠틀리는 적들이 다가오자 전사처럼 무장한 아이의 모습으로 튀어나왔습니다. 오로지 어머니와 자기 자신을 보호하고자 하는 그의 성정과 분노는 하늘을 찔렀고, 결국 우이칠로포츠틀리는 코욜사우키에게 맞서 그녀의 목을 쳤지요. 그러자 그녀의 머리는 신성한 뱀의 산인 코아테페틀Coatepetl 기슭까지 굴러갔습니다. 몸은 그 아래로 굴러떨어졌고, 사지는 갈갈이 조각났습니다. 분노에 찬 전사 우이칠로포츠틀리는 코욜사우키와 뜻을 함께한 이부형제들을 뒤쫓았습니다. 그들은 목숨을 구걸하고 애원했지만 우이칠로포츠틀리는 그들을 결코 용서하지 않았지요.

다른 이야기에서는 우이칠로포츠틀리의 협상가적인 면모와 결단력이 드러납니다. 그러나 걷잡을 수 없는 전쟁과 파멸적인 결말은 같습니다. 이 이야기에서 우이칠로포츠틀리는 사람들을 다스리는 통치자였는데, 누이인 말리날쇼치틀

코욜사우키를 묘사한 아즈텍 부조 ▶
우이칠로포츠틀리와의 전쟁 끝에 조각난 코욜사우키를 묘사한 작품이다. 1978년에 이 부조가 발견되면서 테노치티틀란의 중심 사원이었던 마요르 신전Templo Mayor 유적 발굴이 본격적으로 시작되었다.

Malinalxochitl(꼬인 풀꽃)이 나쁜 속셈을 품고 있음을 알게 됩니다. 우이칠로포츠틀리는 누이가 사람들을 나쁜 길로 이끄는 강력한 마력을 지닌 마법사라는 사실을 알아채자, 만삭이 된 그녀를 홀로 남겨두고 사람들을 데리고 아스틀란으로 달아납니다. 혼자 남겨진 말리날쇼치틀은 대성통곡을 했지요. 우이칠로포츠틀리는 우이츠나와 400전사에게 이렇게 말했다고 합니다.

"누이의 방법은 나의 방법이 아니다.
나의 방법은 활과 방패로 싸우는 전쟁이다.
머리와 가슴을 적진에 내보이는 한이 있더라도
나는 사방의 알테페틀을 불러모을 것이다.
물론, 대가도 없이 그들을 정복하자는 것은 아니다.
우리는 귀한 푸른 돌로 지은 집, 금으로 지은 집, 케찰새 깃털 집,
푸른 옥으로 지은 집, 조가비 집, 자수정 집을 얻을 것이다."

우이칠로포츠틀리는 사람들에게 훨씬 큰 부를 약속했습니다. 그는 골짜기 한가운데의 호수에 가득한 먹을거리를 보여주었고 약속한 풍요를 주었지요. 그러나 그중 일부는 말리날쇼치틀을 두고 떠날 때 더 많은 보물을 약속하지 않았느냐며 무리한 요구를 했습니다. 그들의 배은망덕한 모습 때문인지 아니면 화를 다스리지 못하는 혈기 때문인지 우이칠로포츠틀리는 크게 분노했습니다. 그리고 우이츠나와 400전사를 모두

학살했지요. 아스틀란 골짜기의 모든 생명이 공포에 떨었고 새들조차 떠나갔습니다.

그로부터 얼마간 시간이 지난 후, 코필Copil이라는 마법사가 우이칠로포츠틀리를 찾아왔습니다. 그는 버려진 누이 말리날쇼치틀이 낳은 자식, 즉 우이칠로포츠틀리의 조카였지요. 코필이 기세 좋게 덤벼들었지만 우이칠로포츠틀리는 당황하지 않고 이렇게 말했습니다.

"좋다, 너는 내 누이 '말리날쇼치'의 아들이 아니냐? 그러니 내 조카이기도 하다."

조카를 욕보이기 위해 누이의 이름을 줄여 부른 것이지요. 코필도 지지 않고 맞섰습니다.

"그렇습니다. 저는 외삼촌을 사로잡을 겁니다. 나는 당신을 무너뜨리기 위해 이곳에 왔습니다. 왜 나의 어머니가 잠든 동안 버려놓고 몰래 떠난 겁니까?"

그러나 코필은 우이칠로포츠틀리의 상대가 되지 않았습니다. 그는 조카를 무자비하게 죽이고, 그의 심장을 잘라 호수의 갈대 사이, 훗날 테노츠티틀란이 들어설 곳에 버리라고 명령했습니다. 케찰코아틀이 동쪽으로 이동하며 땅을 밟아 생긴 바위 위에서 정해진 방향으로 던지라고 말이지요. 전해지는 이야기에 따르면 비록 코필은 죽었지만 그의 딸은 살아남았고 메쉬카 남성과의 사이에 자손도 남겼다고 합니다. 즉 이 이야기는 가족 사이의 불화와 다툼을 다루지만 동시에 종족의 화합이라는 결말을 보여주기도 하지요.

아즈텍 문명의 이야기꾼은 세상의 아름다움에 대해서만 전하지 않았습니다. 그들은 파괴와 갈등, 분노의 감정, 불상사가 닥쳤을 때 신이 이를 해결하고 나아가는 방식을 전달하고자 했습니다. 평화적인 이야기만 전달했다간 동족들이 공격과 재앙에 대비하지 못할 확률이 높았겠지요. 그래서 그들은 불화와 다툼, 모질고 고된 운명을 극복하는 이들의 이야기를 전했습니다. 그러나 그들은 폭력을 미화하지도 않았습니다. 사람들이 폭력의 원인을 이해하고, 갈등을 다각도에서 바라보고 적절한 해결책을 찾길 바랐던 것입니다.

오늘날 몇몇 역사학자들은 누이를 공격한 우이칠로포츠틀리의 잔인함이 아즈텍 문화의 여성 혐오적인 면을 드러낸다고 비판하기도 합니다. 하지만 원전에서 여성을 비하하거나 폄훼하는 뉘앙스가 전해지지는 않습니다. 이 이야기의 서술자는 우이칠로포츠틀리가 한 일을 찬양하지도 않았고, 여성의 역할을 한정적으로 규정하지도 않았지요. 그보다 사람들은 우이칠로포츠틀리의 잔인한 성품에 충격을 받고 반감을 느꼈을지도 모릅니다. 반면 강력한 권력을 유지하기 위해 어쩔 수 없이 그랬을 것이라고 옹호하는 사람도 있었지요. 어찌 되었든 아즈테인들이 수호신으로부터 원했던 것은 강인함과 힘이었습니다. 그를 숭배하고 믿었던 이들조차 우이칠로포츠틀리의 무시무시한 행동에 두려움을 느끼고 고개를 조아렸을 것입니다.

한 걸음 더 | 아즈텍인이 사랑한 작은 새

아즈텍인은 우이칠린Huitzilin, 즉 벌새를 사랑했습니다. 벌새는 작지만 경탄스러울 만큼 강인하고 생존력이 뛰어납니다. 놀라운 속도로 날갯짓을 하며, 심지어 뒤로 날 수도 있습니다. 꽃에서 꿀을 빨 때는 날카롭고 뾰족한 부리를 드러내지요.

아즈텍인 사이에서 벌새는 전사의 상징이었습니다. 벌새는 힘을 아끼기 위해 밤에는 거의 죽은 것처럼 보이는 휴면기에 접어들었다가 해가 뜨면 다시 생생하게 살아납니다. 대부분 텃새지만 일부 종은 아즈텍인의 조상과 마찬가지로 먼 북쪽 지방에서 멕시코로 남하하지요.

아즈텍인들은 벌새를 또 다른 자아처럼 여겼습니다. 수호신 우이칠리포츠틀리에게 '왼쪽의 벌새'라는 이름을 붙인 것만 봐도 알 수 있습니다. 왼손잡이를 오점으로 여겼던 서구 문화권과 달리 아즈텍 문화권에서는 왼손잡이를 특별하게 여겼습니다.

알테페틀을 세우기 전 유목 생활을 하던 초기 메쉬카는 '작은 벌새'라는 뜻의 우이칠리우이틀Huitzilihuitl이라는 통치자를 섬겼다고 합니다. 그를 신의 자손이자 벌새와 닮은 아름다운 깃털처럼 훌륭한 이로 여겼기 때문이었지요. 메쉬카 왕족 일부는 대대로 조상이 물려준 이 이름을 사용했습니다.

피렌체 고문서에 묘사된 여러 종류의 벌새 ▶ 아즈텍인들은 벌새를 진귀하고 놀라운 동물로 여겼다. 아즈텍 문명 속 중요한 인물의 이름에 벌새가 담겨 있다.

삶과 죽음에 대한 아즈텍인의 관점

아즈텍 신화에서 공통적으로 드러나는 하나의 사상이자 관념이 있습니다. 모든 인간은 주어진 지상에서의 삶을 소중히 여겨야 한다는 것이지요. 이야기꾼과 시인들은 입을 모아 청중에게 인생의 아름다움과 영광을 일깨워주었습니다. 사람의 시간은 쏜살같이 빠르게 지나가지만, 그게 전부인 만큼 한껏 누려야 했지요. 아즈텍인은 인간에게 주어진 시간이 영원한 우주로부터 '빌려온' 것이라고 생각했기 때문에 더 귀하고 소중하게 여겼습니다.

아즈텍인들은 같은 알테페틀에 속한 동족을 아끼고 그들의 미래를 위해 애썼습니다. 아버지는 아들에게 가족을 부양하고 끝까지 책임질 것을, 어머니는 딸에게 삶이 늘 순탄하지는 않지만 매 순간 최선을 다해 살아갈 것을 가르쳤지요. 아즈텍족은 힘들 때면 '누가 죽음에 굴복하는가'라는 말을 떠올렸습니다. 죽음이 찾아오면 어쩔 수 없이 순응해야 하지만, 사는 동안 올바르게 행동한다면 부족 전체가 멸망하지는 않을 것이며 망자는 사랑하는 동족에 의해 오랜 시간 기억될 수 있다고 보았지요. 그들은 떠난 사람을 생전처럼 기억했습니다.

아즈텍 문명에서 믿음과 신앙은 신에 의해 주어진 삶에 감사를 표하는 데 집중되어 있었습니다. 그들은 감사의 표시로 다양한 의례를 행했지요. 향긋한 전나무를 모아 펼치고, 바닥이 깨끗해질 때까지 비질을 했으며, 밤새도록 기도를 올리고, 가시로 스스로를 찔러 피를 흩뿌리기도 했습니다. 한편 그들은 인간이 동물을 기르고 그 목숨을 취해 고기를 얻는 것처럼, 인간의 생명을 희생해 신에게 그 육신을 바쳐야 한다고 생각했습니다.

'희생'을 중요하게 여겼던 아즈텍인

아즈텍 신화 속 유명한 신들은 몸소 자기 희생을 보여주었습니다. 탄생 신화에 따르면 나나우아친은 세상을 밝히기 위해 스스로 불에 뛰어들었고, 케찰코아틀은 자신의 존재가 사라지는 것이 사람들에게 더 이로울 것이라고 판단하자 스스로 몸을 내던졌지요. 이런 과정을 통해 나나우아친은 태양이, 케찰코아틀은 샛별이 되었습니다.

그러나 이들은 신적인 존재였고 대부분의 인간은 그렇게 자신의 생명을 희생하기 어려웠습니다. 사실 삶을 소중히 여겼던 이들에게 스스로 귀중한 생명을 포기하겠다고 선뜻 나서는 것도 올바른 일은 아니었을 것입니다. 그래서 아즈텍인들은 적들과 포로의 생명을 대신 바치는 방식을 택한 것이지요.

전투에서 승리한 뒤 적군을 희생시키는 것은 메소아메리카 전역에 널리 퍼진 관습이었습니다. 패배한 쪽은 용감하게 죽음을 맞이함으로써 조롱받고 멸시당하는 대신 오히려 존중을 받았습니다. 그들은 신성한 장소에서 기도를 한 뒤 희생물로 바쳐졌지요. 이렇게 전쟁 포로를 희생 제물로 삼는 관습은 아마 아주 오랜 시간, 몇 세기에 걸쳐 존재했던 것으로 보입니다. 그러나 시간이 지날수록 아즈텍 지배층은 이 관습을 무기처럼 활용해 상당수의 사람들을 희생 제물로 삼았습니다. 제물로 바쳐지는 이들은 죽기 전까지 온갖 호사를 누렸고, 산 사람들은 희생자에게 깊은 감사를 표했지요. 전쟁터에서 포로를 생포한 전사는 그 포로가 희생되기 전에 이렇게 읊조렸다고 합니다. '이 자는 나의 자식과도 같다.' 그리고 희생된 자의 피는 신전에 뿌리거나 흙으로 만든 신상神像에 발랐습니다. 이런 방식으로 신에게 영적인 힘을 바친다고 생각했지요.

중앙아메리카의 여러 부족은 전쟁에서 지면 희생 제단 위에서 잔인하게 죽음을 맞이하게 된다는 사실을 알고 있었습니다. 이들에게 죽음은 머나먼 미래의 이야기가 아니라 살면서 필연적으로 맞이하게 되는 운명과 같았지요. 그래서 그들은 죽음을 두려워하고 피하기보다, 그런 가능성을 늘 염두에 두고 노래를 지어 부르곤 했습니다. 심각한 곤경에 처한 상황을 가리키는 비유적 표현으로 '그는 이미 불 가장자리, 신전의 계단에 있다'라고 말하기도 했지요.

부싯돌칼 ▶ 아즈텍인들은 적군의 포로를 희생해 신에게 바쳤다. 왼쪽은 그들이 사용했던, 진주층으로 눈과 이를 장식한 돌칼 유물이다.

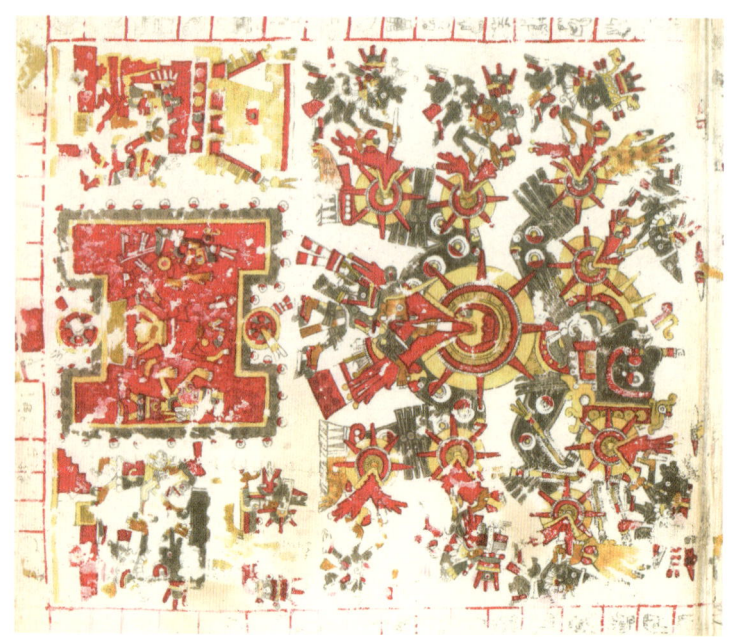

아즈텍의 희생 제의 ▶ 보르자 고문서에 실린 그림으로, 희생 제의를 자세히 묘사하고 있다. 이 그림을 통해 아즈텍인은 복잡하고 풍부한 세계관을 가지고 있었음을 알 수 있다.

젊은 아즈텍 전사들은 종종 '꽃'에 비유되었습니다. 이들은 훌륭하고 아름다운 인간이자 동시에 전쟁에 나갈 때는 꽃봉오리처럼 덧없는 존재였습니다. 전사하거나 포로로 잡힐 경우 제단 위에 올라앉아 죽음을 감수해야 했지요.

한편 여성은 출산을 할 때 이런 죽음의 위험을 마주했습니다. 출산은 '미키스판Miquizpan'(죽음의 시기)이라고 불렸는데, 이때 사람들은 킬라스틀리 여신에게 기도해 산모가 우주로부터 생명을 붙들어 땅 위에 내어놓는 것을 도왔습니다. 더불어 아즈텍인들은 산모가 아이를 낳다 목숨을 잃으면 신성하고 고귀한 존재로 추앙하며 오랜 시간 기렸습니다.

망자를 기리고 기억하다

아즈텍 문명의 창조 설화에는 더 많은 내용이 있습니다. 나나우아친은 불에 몸을 던져 태양신이 된 뒤, 아무리 밝게 타올라도 하늘을 가로질러 나아가지는 못한다는 사실을 깨닫습니다. 이때부터 인간이 나서서 태양을 도왔지요. 태양은 동족을 위해 기꺼이 희생하는 사람들로부터 힘을 얻고 나아갈 수 있었습니다. 아침에는 전쟁터에서 죽은 전사들이 태양을 하늘 한가운데로 이끌고, 낮에는 출산 중 숨을 거둔 여성들이 태양을 쉼터까지 끌고 갔다고 합니다. 의무를 다하고 숨을 거둔 자들이 태양의 운동에 일조한다고 여겼던 것이지요.

이처럼 땅에서의 짧은 생을 마감하고 천계에서의 의무를 다한 이들은 내세를 누렸습니다. 아즈텍 신화에 따르면 죽은 이에게는 새로운 세상이 펼쳐졌지요. 익사하거나, 번개에 맞거나, 종양 등의 질병으로 사망한 이들은 푸른 숲의 낙원 '틀랄로칸Tlalocan'에 도착했습니다. 특히 마음씨가 맑고 깊은 이들이 그곳에 갈 수 있었지요. 대부분의 사람들은 어두운 길을 지나 망자의 땅인 믹틀란Mictlan으로 향했습니다. 믹틀란에 대해서는 다음과 같은 기록이 남아 있습니다.

여행이 끝나는 장소, 출구도 입구도 없는 곳.
당신(신)은 삶을 깃털처럼 부수고 그림처럼 지운다.
그리고 모든 이가 사라지는 곳인 믹틀란으로 나아간다.

살아남은 이들은 망자를 기억하며 4년간 기도하고 노래했습니다. 망자가 죽음의 땅인 믹틀란에 도달하기까지 4년이 걸린다고 생각했기 때문이지요. 망자가 믹틀란에 도착하면 '완전히 사라진' 것으로 보았습니다. 그러나 태양에 바쳐진 이들은 천계에 한동안 더 머무른다고 여겨졌고, 새나 나비가 된다는 이야기도 있었습니다. 중요한 것은 사람들이 기도와 노래로 그들을 오랜 시간 기렸다는 것이지요. 그러나 누구든 시간이 지나면 서서히 잊히고 사라졌습니다.

아즈텍 신화는 전혀 다른 시공간을 사는 오늘날 우리에게 영원한 것은 변화뿐이며 현실을 받아들여야 삶의 충만한 기쁨을 찾고 땅 위에서 누리는 모든 풍요에 감사할 수 있다는 사실을 반복적으로 일깨워줍니다. 죽은 뒤에도 사람들의 기억 속에 오랜 시간 살아 있다고 생각하면 죽음 이후에 대한 두려움과 상실의 고통도 누그러지지요. 아즈텍인들은 명예를 지키며 살고, 삶을 위해 치열하게 싸우되, 피할 수 없는 것(가령 언제 다가올지 모를 죽음이 여기에 속하겠지요)을 겸허히 받아들이면 산 사람들에게 영예로운 기억으로 남을 수 있다고 믿었습니다.

한걸음 더 　아즈텍 종교 속 세계관

서양 학계에서 아즈텍의 종교에 대해 오해하는 것이 있습니다. 그들은 아즈텍 종교 속 천계가 아홉 층(열세 층이라는 설도 있지요), 지하세계도 마찬가지로 아홉 층으로 되어 있다고 봅니다. 그러나 나우아틀어 원전에는 이런 내용이 없지요. 아마 스페인 정복 이후 제작된 두 역사 자료의 내용이 일치하지 않아 잘못 전달된 것으로 보입니다.

아즈텍의 옛 시구와 연대기는 세상을 아홉 층으로 묘사합니다. 스페인 침략 이전의 그림 자료를 보면 지구 내부 또는 깊은 물에 뿌리를 내리고 높은 하늘로 가지를 뻗은 거대한 생명수에 대한 묘사도 있지요. 아메리카 대륙의 많은 원주민 문화권에서는 나무가 땅과 하늘을 잇는 사다리 역할을 합니다.

스페인 수도사들은 아즈텍 신화 속 '믹틀란'이 지하 세계나 저승과 동의어라고 속단했습니다. 그러나 믹틀란은 세상 깊은 곳에 있는 동굴을 가리키고, 때로는 전쟁에서 죽은 자가 여행하는 하늘을 의미했습니다. 단순히 서양의 저승 개념과는 달랐지요.

메쉬카는 티사판Tizaapan에 터를 잡았다.
쿨우아칸의 지도자는 이렇게 말했다.
"오, 메쉬카여, 환영한다. 티사판에 정착하라."

그러나 그들이 그곳에 열흘간 머문 뒤,
쿨우아칸의 지도자는 이런 명령을 내렸다.
"학이 와서 서고 병든 뱀이 와서 눕는
치남파Chinampa를 궁 앞으로 끌어 오라."

명령을 받은 메쉬카 사람들은 울며 말했다.
"슬프다! 어떻게 그런 일을 해낼 것인가?"

그러자 우이칠로포츠틀리가 다가와 메쉬카에게 말했다.
"두려워하지 마라, 좋은 방법이 있다.
치남파를 어떻게 끌어와야 할지 보여주겠다."

그는 잔디를 조각조각 나누어 끌어왔다.
그러자 학이 날아와 그 위에 섰고,
기운을 회복한 뱀이 치남파에 똬리를 틀었다.
쿨우아칸의 지도자는 놀라 물었다.
"메쉬카는 대체 어떠한 종족인가?"

— 틀라텔롤로 연대기 中

아즈텍인의 여정

5장

멕시코 중앙 고원을 떠돌던 여러 종족

치치메카와 메쉬카의 등장

한때 메소아메리카에는 온갖 사람들이 한데 어울리는 아름다운 제국이 있었습니다. 나우아 종족은 나우어틀어를 사용해 오래된 노래와 전설을 읊었지요. 그들은 신을 모셨고, 신전과 집을 보석, 자개, 산호 등 진귀한 자연물로 꾸몄습니다. 그러던 중 활과 화살에 능한 북부 종족이 남하하며 예술적 감각을 지닌 나우아족과 통혼하고 세력을 형성했습니다.

나우아족은 북쪽에서 내려온 야만인들을 치치메카Chichimeca(또는 치치멕)라고 불렀습니다. 흔히 학자들은 '치치멕'이 '개 인간'을 뜻한다고 여기지만 여기에는 논란의 여지가 있습니다. 옛 나우아틀어에서 개를 뜻하는 '치치Chichi'의 '이'는 단음인 반면, '치치멕'의 '이'는 장음으로 발음되기 때문입니다. 장음으로 발음하는 '치치'란 동사로 '빨다'는 의미를 가지고 있습니다. 치치멕이라는 단어는 아마 '아이에게 젖을 물리는 사람'을 가리켰을 가능성이 높습니다.

남방의 나우아족은 북쪽에서 이주해온 치치메카에 대해 이중적인 태도를 보였습니다. 한편으로는 경시했지만 다른 한편으로는 유목민 특유의 근성과 생활력에 경외와 찬사를 보내기도 했지요. 나우아족의 기록이나 이야기를 보면 치치메카를 원시적인 민족으로 묘사했지만, 동시에 그들을 향한 두려움이나 경외심도 종종 드러납니다.

나우아족의 그림 속 치치메카는 가죽을 이어 붙이거나 식물로 엮어 짠 옷을 입은 모습으로 묘사됩니다. 이런 모습은 옛 설화에도 등장합니다. 치치메카 출신의 초기 아즈텍 틀라토아니가 오랜 시간 정착해 살아가다가 면화를 재배하던 쿠에르나바카인에게 혼인 동맹을 청했다는 이야기가 전해지는데, 쿠에르나바카의 지도자는 이렇게 물었습니다.

"자네는 내 딸에게 어떤 옷을 입힐 것인가? 내 딸에게 자네가 입는 습지대의 풀 섬유 옷을 입혀서는 안 되네."

갑자기 나타나 딸과 결혼을 청하는 치치메카 사람에 대해 강한 거부감과 반대를 표한 것이지요(이 이야기는 뒤에서 더 자세히 살펴보겠습니다).

한편 치치메카를 묘사한 다른 그림을 보면 언제나 사방의 적을 무너뜨린 그들의 놀라운 활 솜씨가 도드라집니다. 그들

치치메카를 묘사한 그림 ▶ 아스카티틀란 고문서 Codex Azcatitlan에 묘사된 그림이다. 식물 섬유로 짠 옷을 걸친 치치메카 남성이 새로운 보금자리를 찾아 긴 여정에 오르고 있다.

의 마법 같은 화살은 옛이야기에도 등장합니다. 치치메카의 화살은 새를 사냥하기 위해 하늘로 날아올랐다가 새가 보이지 않으면 다시 땅으로 내려와 다른 사냥감을 잡는 유능한 무기로 그려졌지요. 이들은 단순히 사냥꾼이 아니라 탁월한 전사였습니다. 아즈텍은 항상 뛰어난 전사에게 찬사를 보냈지요.

  아즈텍족에게는 군사 개념이 따로 없었습니다. 소년이 자라면 전쟁에 참가하는 것이 당연하게 여겨졌습니다. 제사장이나 상인들도 상징적인 제의에 '전사'로서 참여했지요. 전쟁에서 승리하고 공을 세운 이는 명성과 부를 거머쥘 수 있었습니다. 출생이 아닌 업적을 통해 귀족이 된 자는 '쿠아우필리 Cuauhpilli(독수리 전사)'라는 칭호를 얻었지요.

  아즈텍 전설 속에서 치치메카가 세운 장소는 '톨란Tollan'이라고 불렸습니다(어떤 학자는 '툴라Tula'라고도 합니다). 톨란은 나우

그림 속의 나우아틀어 글을 해석하면 다음과 같다.
'그들은 산, 숲, 바위투성이 땅에서 길을 잃었다. 메쉬카는 길이 이어지는 곳으로 향했다.'

아틀어로 '갈대가 많은 곳'을 뜻합니다. 치치메카가 머무르던 멕시코 분지에는 습지대가 많았습니다. 톨란의 거주민을 가리키던 '톨테카Tolteca'(톨란 사람들)라는 단어에는 더 큰 함의가 있어, 재능 있는 장인이나 오래전에 큰 업적을 이루었던 민족을 뜻하기도 했습니다. 톨테카는 설화의 모티브로 종종 쓰이지만 이야기꾼들은 톨란 사람들의 생활에 크게 집중하지 않았습니다. 그들에게 톨테카란 오랜 불화와 전쟁의 시대에 돌입하기 이전에 존재했던 종족에 불과했습니다.

우에막의 횡포와 치치메카의 시련

멕시코의 역사를 연구하던 학자들은 오랜 시간 톨란이 실존했던 장소인지 아닌지를 두고 논쟁을 벌였습니다. 오늘날 멕시코의 이달고주Hidalgo에 위치한 '톨란'에는 오래된 유적이 남아 있고, 유적의 규모와 형태로 미루어 보았을 때 꽤 강력한 도시국가가 있었음을 알 수 있습니다. 그러나 톨란 유적지는 나우아틀어를 사용했던 모든 민족이 그리는 유토피아적인 삶을 담은 이상적이고 근사한 곳은 아니었던 듯합니다. 게다가 남은 유적만으로는 멕시코 북쪽에서 남하한 많은 종족이 각각 얼마나 오래 톨란에 머물렀는지도 알 수 없지요.

현재 대부분의 학자들은 톨란이 특정 도시가 아니라 북쪽에서 남하해 멕시코 분지에 터를 잡은 많은 농경 민족을 아울러 가리키는 상징적인 명칭이었다는 의견에 동의합니다. 이들은 한 곳에 머무르는 정주 생활을 한 덕분에 도시를 형성할 수 있었습니다. 관개 공사를 해 생활 공간을 정비하고, 피라미드를 쌓아 신성한 의식을 거행하고, 그림을 그려 기록을 남길 수도 있었지요. 이런 생동감 넘치는 도시의 모습은 새로 옮겨온 유목민에게 큰 인상을 남겼고, 나아가 대대로 전해지는 설화의 일부가 되었습니다.

옛이야기를 전하는 이들은 톨란에서의 짧은 밀월 기간 끝에 발발한 거대한 갈등에 대해 다룹니다. 사건은 틀랄록과 테스카틀리포카 등 신이 보낸 부족장 '우에막Huemac(큰 선물)'으로부터 시작됩니다. 우에막이라는 이름에는 양면적인 의미가 담겨 있습니다. 실제로 그는 이름처럼 뛰어난 인물보다는 말썽꾼에 더 가까웠기 때문입니다. 기록에 따르면 우에막은 다른 부족장의 딸을 희생 제물로 바치라고 청했고, 자신의 딸을 억지로 다른 부족에 시집 보내기도 했습니다. 어떤 이야기는 우에막이 잘못된 행동을 저지르자 충신들도 더 이상 그를 따르지 않게 되었고, 절망한 우에막이 한탄하며 스스로 생을 마감했다는 내용을 담고 있습니다.

오만방자한 우에막 이야기

우에막과 관련한 가장 대표적인 이야기를 하나 살펴봅시다. 멕시코 중부 분지 동쪽의 푸에블라-틀락스칼라 골짜기의 쿠아우틴찬을 배경으로 펼쳐지는 이야기입니다. 치치메카('톨테카 치치메카'라고도 불립니다)는 비교적 문명화되었던 노노우알카 Nonohualca와 더불어 톨란에 살며 오만방자한 행동을 했습니다. 테스카틀리포카가 그들을 속였기 때문이지요. 테스카틀리포카는 어린 아이를 보내고 치치메카가 그 아이를 찾아 자식처럼 키우게 했습니다. 그 아이는 자라 우에막이 되었지요. 치치메카는 우에막이 그들과 노노우알카 사이에 불화를 일으키기 위해 보내진 존재라는 사실을 알 도리가 없었습니다. 단지 그가 신이 보낸 고귀한 어린 왕자라고 생각했지요.

우에막이 젊은 청년으로 성장했을 때, 그는 노노우알카에게 그의 집을 지키라고 명했습니다. 노노우알카는 우에막의 집을 지켰습니다. 그러자 우에막은 한술 더 떠 여성을 요구했습니다. 그것도 구체적인 신체 조건을 달아서 말이지요(골반이 손네 뼘 이상 되는 신체 조건의 여성을 요구했다고 합니다). 노노우알카는 젊은 여자 넷을 데려와 우에막에게 바쳤습니다. 그러나 우에막은 그들이 자신이 원하는 조건을 충족하지 못했다고 거절했고, 크게 화가 난 노노우알카는 그를 떠났습니다.

논리적으로 생각해보면 우에막의 말도 안 되는 요청에 헛웃음이 납니다. 시답잖은 소리나 하는 우스운 인물처럼 느껴지기도 하지요. 그러나 우에막은 끔찍하고 불명예스러운 짓도 저질렀습니다. 정복한 부족의 여인을 부인으로 삼겠다고 데려가서는 희생 제물로 바친 것이지요. 그는 네 명의 여인을 흑요석 거울로 된 탁자에 묶어놓고 방치했습니다. 이런저런 일로 우에막에게 완전히 질려버린 노노우알카는 그를 데려다 키운 치치메카를 원망했고, 결국 두 부족 사이에 전쟁이 벌어지기에 이릅니다. 전쟁이 길어지자 치치메카는 노노우알카에게 멈추자고 애걸했습니다. 치치메카 족장은 이렇게 말했습니다.

"우리가 서로 반목하고 전쟁을 벌이게 된 원인은 우에막이다. 우에막을 죽여라! 우리를 싸우게 한 것은 그 자다!"

치치메카와 노노우알카는 동맹을 맺고 함께 우에막을 처단했습니다. 그러나 이미 한 발 늦었지요. 우에막을 죽이고 전쟁이 끝났지만, 두 부족의 젊은이들이 너무 많이 희생되었던 것입니다. 노노우알카는 이렇게 한탄했습니다.

"아아, 우리가 얼마나 큰 잘못을 저질렀는가! 우리는 어떤 민족인가! 우리는 피와 복수로 물든 이 땅을 떠나야 하오!"

동족 그리고 이웃 부족과 잘 지내야 하는 인간으로서의 의무를 저버렸다는 두려움에 휩싸인 노노우알카는 결국 떠나게 됩니다. 이후 중부 멕시코에는 과거의 동맹이 떠난 뒤 평화와 안정을 되찾는 치치메카에 대한 기록이 남았지요.

떠오르는 치치메카 세력

사료에 따르면, 치치메카는 톨란에 정착하기 전과 같은 유목 생활로 돌아갔다고 합니다. 그들은 오랜 시간 이곳저곳 떠돌았고, 족장은 신에게 기도하며 종족을 이끌었지요. 겉으로는 테스카틀리포카나 케찰코아틀에게 바치는 기도처럼 보였지만, 사실 그의 기도는 신의 이름을 빌려 동족을 독려하는 내용이었습니다. 용기 있게 행동하고 장기적인 미래를 그리기 위한 것이었지요.

"우리를 만들고 창조한 신은 우리를 이곳에 두셨다. 우리의 얼굴과 입을 숨겨야 하는가? 신의 뜻은 무엇인가? 우리를 만들고 창조하신 이팔네모아니는 우리를 시험하는 것인가? 자랑스러운 톨테키여, 자신감을 지녀라. 큰 힘을 준비하라!"

치치메카는 승리를 거두었으나 안정적인 기반을 다지지는 못한 것으로 보입니다. 자신들보다 먼저 멕시코 중앙 고원에

자리를 잡은 민족이 세운 강력한 국가에 의존해 살아가는 처지에 놓였지요. 그들은 종종 천대를 받았고, 자신들이 믿는 신을 제대로 섬기지도 못했습니다. 하지만 무기도, 맞서 싸울 방도도 없었습니다.

실의에 빠진 치치메카에게 테스카틀리포카가 나서서 비책을 주었습니다. 그는 치치메카에게 다가오는 명절에 나서서 축제를 주관하라고 조언했습니다. 명절을 기리는 축제에서는 여러 종족이 모여 춤을 출 예정이었고, 춤에는 반드시 무기가 필요하기 때문이었지요. 치치메카의 족장은 강한 종족의 우두머리에게 가서 축제에서 춤을 출 때 쓸 만한, 버려지고 낡은 무기를 모아도 될지 허락을 구했습니다. 흔쾌히 허락을 얻은 그는 감동의 눈물을 글썽이며 돌아왔고, 치치메카는 제각각 흩어져 돌아다니며 주변 이웃들에게 물었습니다.

"낡은 방패와 몽둥이 등 오래된 무기를 빌려주시오. 좋은 무기가 아니어도 좋소."

그러자 이웃들은 이렇게 물었지요.

"무기로 무엇을 하려고? 그대들에게 무기가 왜 필요한가?"

치치메카는 슬기롭게 답했습니다.

"우리는 왕을 위해 춤을 출 것이오. 여러분의 알테페틀에서 열리는 축제에서 춤을 출 때 사용할 무기요."

그러자 이웃 종족은 치치메카에게 좋은 무기를 내어주려고 하였습니다. 치치메카는 이를 만류했지요.

"잿물을 버리는 곳에 내버려둔 낡은 무기면 충분하오. 그것을 고쳐 당신들의 왕과 족장을 즐겁게 해드리리다."

그러자 다른 종족들은 치치메카에 대한 경계심을 내려놓고 그들에게 무기를 건넸습니다. 치치메카는 여러 집과 안뜰을 방문하며 여기저기 버려져 있던 무기를 모았습니다. 어느 집에 가든, 그 집에 사는 사람들은 먹고 마시며 노닥거리고 있었습니다. 그들은 치치메카를 무시했고, 심지어 비웃기까지 했습니다. 그래도 치치메카는 아랑곳하지 않고 철저히 준비를 갖추었지요. 그들은 녹슬고 부서진 무기를 튼튼하고 단단하게 정비했습니다. 그들은 스스로를 구원하기 위해 굳게 마음을 먹었고, 결국 승리를 향해 나아갔지요.

메쉬카의 등장: 일곱 동굴에서 나와 호수 위의 섬으로

그 사이, 먼 북쪽에는 톨란의 영광스럽던 시절, 비극적인 전쟁과 붕괴, 유목민이 된 치치메카에 대해 전혀 모르는 이들이 살고 있었습니다. 전해지는 이야기에 따르면 그들은 여전히 동굴에서 머무르는 야만 민족이었습니다. 그러나 변화는 순식간에 일어났지요.

메쉬카는 주기적으로 모여 앉아 이 이야기를 서로에게 전달했습니다. 이 설화를 전하고 기록한 빈도로 보아 그들은 초기 이야기를 가장 좋아했던 것 같습니다. 앞서 살펴본 톨란에 대한 설화보다도 동굴에 살았던 이들의 삶이 더 흥미로웠던 것이지요. 메쉬카는 멕시코 분지에 가장 마지막에 도착한 이들이므로, 그들이 초기에 정착했던 종족보다는 나중에 분지에 도착한 후발 종족의 이야기에 더 매력을 느꼈던 것도 쉽게 이해됩니다.

메쉬카 이야기꾼은 북쪽 땅을 '아스틀란Aztlan'이라고 불렀습니다. 나우아틀어 단어 아스타틀Aztatl이 '왜가리'를 뜻하므로 몇몇 유럽인들은 아스틀란을 '왜가리의 땅'이라고 생각했습니다. 그러나 나우아틀어 문법에 따르면 왜가리의 땅은 '아스타틀란Aztatlan'이 되어야 합니다. 엄밀히 말해 아스틀란은 '도구의 땅'이라고 해석할 수 있지요. 일부 학자들은 왜가리가 물가에 둥지를 마련한다는 데에 착안해 아스틀란이 섬이었을 것이라고 주장하지만, 대부분의 이야기에서 아스틀란은 사막에 서식하는 가시투성이 메스키트 나무(멕시코 북부와 미국에서 흔히 자라는 콩과 식물)가 무성한 곳으로 그려집니다. 어찌 되었든 치코모스톡Chicomoztoc(일곱 동굴)이라고 불리는 곳에 살던 메쉬카는 더 풍요로운 삶을 찾아 아스틀란을 떠나라는 수호신 우이칠로포츠틀리의 명을 따랐습니다.

일부 설화에서는 네 개의 칼풀리(가문)가 있었다고 전하지만, 대부분의 설화에서는 일곱 가문이 일곱 동굴의 한 칸씩을 차지하고 살았다고 전합니다. 그러나 제관 네 사람이 신을 모

이야기 속 일곱 동굴을 묘사한 그림 ➤ 톨테카 치치메카사Historia Tolteca-Chichimeca에 묘사된 일곱 동굴 그림이다. 이 그림이 실린 고문서는 프랑스국립도서관에 보존되어 있다.

시는 자로서 제의를 담당했다는 이야기는 공통적으로 전해집니다. 제관은 '신성한 꾸러미'를 챙기고 관리하는 이들이기도 했습니다. 네 제관의 이름은 각각 '쿠아우코아틀Cuauhcoatl', '아파네카틀Apanecatl', '테스카코우아카틀Tezcacohuacatl', '치말만Chimalman'이었습니다. 앞의 세 이름은 조금씩 변형되어 여러 세대에 걸쳐 강력한 통치자의 이름으로 쓰였습니다. 치말만은 오랜 시간 중요한 위치에 놓인 여인의 호칭으로 쓰여왔지요.

한 설화에 따르면 동굴에 살던 부족들이 나와 메쉬카에게 함께하길 청했다고 합니다. 이야기마다 다르지만 이들 부족은 정치적 동맹을 맺거나 갈등을 빚으며 함께했지요. 모든 이야기에서 공통적으로 등장하는 부족은 우에쇼친카Huexotzinca, 찰카Chalca, 쇼치밀카Xochimilca, 테파네카Tepaneca였습니다. 메쉬카는 그들을 기꺼이 친구로 받아들였습니다. 그러나 이들의 동맹은 오래가지 못했지요.

문화권을 막론하고 사람이라면 누구나 타인과 뜻을 모아 공동의 목표를 추구하다가도 작은 유혹에 넘어가고, 개인적이며 사사로운 이익에 눈멀기 마련입니다. 아즈텍의 전설을 전하던 이야기꾼과 시인들도 이를 잘 알고 있었습니다. 그들은 인생사에서 벌어지는 수많은 갈등의 원인이 바로 여기에 있다고 보았습니다.

새로운 부족과 함께하게 된 메쉬카는 이동 중에 잠시 멈추어 나무 그늘에서 쉬었습니다. 그런데 나무의 밑동이 우지끈

부러져 쓰러졌고, 많은 사람들이 목숨을 잃을 뻔했지요. 이 나무 이야기는 여러 부족이라는 가지가 하나의 큰 줄기로부터 갈라져 나왔다는 의미로 해석됩니다. 메쉬카의 수호신 우이칠로포츠틀리는 사람들이 계시를 제대로 이해할 수 있도록 다른 집단과 함께 나아가지 말라고 일렀습니다. 메쉬카는 결국 홀로 다시 떠났고, 이야기는 그들이 멕시코 중앙 고원을 향해 이동하는 모습을 묘사합니다.

메쉬카는 이곳저곳을 방랑하면서도 언제나 홀로 길을 떠났습니다. 그들은 방랑길에서도 꿀과 풀케, 화살과 무시무시한 무기 아틀라틀Atlatl(투창기)을 얻었습니다. 기나긴 방랑 끝에 그들은 중요한 교훈을 얻었습니다. 다른 누구도 아닌 자기 자신만을 믿고 의지할 수 있다는 것이지요. 이들은 점차 굳세고 강한 종족으로 성장했습니다.

아즈텍 설화 속 밑동이 부러진 나무 ▶ 텔레리아노 레멘시스 고문서에는 아즈텍의 기원을 묘사한 설화에 상징적으로 등장하는, 밑동이 부러져 쓰러지는 나무 그림이 남아 있다.

 **아스틀란이 뜻하는 정확한 장소**

지금까지 많은 멕시코 역사학자들이 '아스틀란'이라 불리는 아즈텍 속 고향 땅의 정확한 위치를 알아내고자 애썼습니다. 그러나 아즈텍은 수 세기에 걸쳐 여러 곳에서 이동해왔으므로 이러한 노력은 부질없는 것이었지요. 너무 오랜 일이기에 정확한 위치를 파악하기 쉽지 않습니다. 그곳을 가리키는 분명한 지표나 지도도 남아 있지 않지요.

메쉬카뿐만 아니라 멕시코 중부의 모든 나우아인은 옛 고향에 대해 비슷하게 묘사했습니다. 모두들 북쪽의 고향에 '치코모스톡'이라는 일곱 개의 동굴이 있다고 믿었지요. 그러나 아스틀란에 대해 알 수는 없습니다.

메쉬카에 초점을 맞추어 보면, 그들은 오랜 시간 정착과 유랑을 반복했음을 알 수 있습니다. 다른 부족들과 마찬가지로 메쉬카도 오래전 베링 해협을 건너와 남하했고, 그들이 오늘날 미국 남서부 지역에 오랜 시간 머물렀다는 의견도 있습니다. 그러므로 이야기 속 아스틀란은 사실 멕시코가 아니라 미국 어딘가일지도 모르겠습니다.

어떤 사료에 의하면 아스틀란이 섬이었을 것으로 예측할 수 있는데, 아스틀란이라는 단어는 왜가리를 뜻하는 '아스타틀'과 비슷하고, 왜가리는 습지대에서 물고기를 잡아먹고 사는 새이기 때문이지요. 그러나 대부분의 원전에 아스틀란은 물가나 섬이 아니라 멕시코 북쪽의 사막으로 묘사되어 있습니다.

용감한 치말쇼치틀과 메쉬카의 정착

메쉬카는 남하를 계속해 현재 멕시코시티의 주요 관광지 중 한 곳으로 꼽히는 차풀테펙Chapultepec에 다다랐습니다. 차풀테펙에는 '메뚜기 언덕'이라는 의미가 담겨 있지요. 메쉬카는 이곳에서 몇십 년간 평화롭게 머물렀습니다. 그러나 그들의 족장인 우이칠리우이틀이 거들먹거리며 인근 알테페틀의 여성들을 납치하고 주변 종족, 특히 쿨우아칸의 쿨우아를 탄압하기 시작했지요. 그러자 쿨우아는 동맹군을 조작해 메쉬카를 정복하러 왔습니다.

쿨우아는 메쉬카의 귀족들을 사로잡아 전쟁에 참여한 각 알테페틀로 보냈습니다. 우이칠리우이틀과 그의 딸은 쿨우아칸의 지도자 코쉬코쉬틀리Coxcoxtli에게 잡혀갔습니다. 우이칠리우이틀은 코쉬코쉬틀리에게 이렇게 말했지요.

"왕이시여, 가련한 제 딸이 옷을 걸치게 해주십시오."

그러나 코쉬코쉬틀리는 굳건했지요.

"그럴 수 없다. 그녀는 지금 모습 그대로 있어야 한다."

공주의 이름은 치말쇼치틀Chimalxochitl로 '방패 꽃'이라는 뜻을 담고 있었습니다. 그녀는 출신 종족에 대한 자부심이 강하고 용기 있는 여성이었지요. 메쉬카는 이후 여러 세대에 걸쳐 그녀를 자랑스러운 조상으로 여기게 됩니다. 치말쇼치틀은 상대에게 전혀 기세가 눌리지 않고, 당당히 앉아 자리를 지켰습

메쉬카 역사를 묘사한 그림 ➤ 아우빈 고문서에 있는 메쉬카 그림이다. 왼쪽 그림은 메쉬카가 '메뚜기 언덕' 차풀테펙에 도착한 모습을, 오른쪽 그림은 다른 부족들에게 공격을 받고 포로가 되어 고난을 겪는 장면을 묘사하고 있다.

니다. 쿨우아가 전투에서 달아난 메쉬카를 찾아 주변 늪지대를 뒤지는 동안 며칠이 흘렀습니다. 습지대에서 살아남은 메쉬카는 큰 고난을 겪고 있었지요. 이들은 결국 쿨우아칸에 항복하기로 뜻을 모으고 사자를 보냈습니다.

곧 평화 협약이 맺어졌고, 쿨우아칸의 땅으로 돌아오기 시작한 메쉬카의 눈에 붙잡혀 있는 치말쇼치틀이 보였습니다. 비록 코쉬코쉬틀리에게 잡혀 있지만 그때까지 당당한 태도를 유지하던 공주는 메쉬카를 보고 큰 소리로 외쳤습니다.

"우리 종족은 어찌하여 목숨을 아깝게 여기는가! 귀족들은 들어라, 가서 분필과 깃털을 가져오거라!"

멕시코 분지 지역에서는 희생할 제물이 신성한 분필로 그림을 그리고 깃털 장식을 하는 풍습이 있었습니다. 그녀의 뜻은 확고했지요. 그녀의 아버지 우이칠리우이틀도 마찬가지였습니다. 이들은 손수 몸을 치장하고 희생 제물이 될 준비를 했습니다. 준비를 마친 뒤 이들은 장렬하게 죽음을 맞이했지요. 공주는 스스로에게 불을 붙이고 이렇게 소리쳤습니다.

"쿨우아칸의 백성들이여, 나는 신들의 세계로 가노라. 내 머리카락과 손톱은 모두 강인한 전사가 될 것이다!"

이는 사람이 죽은 뒤에도 곧바로 썩지 않는 머리카락과 손톱에 관한 비유적인 표현으로, 그녀가 남긴 것(살아 있는 메쉬카)이 자라 장차 위대해지리라는 염원을 담은 말이었습니다. 치말쇼치틀이 죽은 후 쿨우아는 그녀의 피를 씻어냈지만, 그녀가 남긴 말까지 씻어내지는 못했지요.

치말쇼치틀이 스스로 희생 제물이 된 이후 쿨우아칸의 지도자 코쉬코쉬틀리는 메쉬카를 멕시코 분지 한가운데에 있는 거대한 호수의 가장자리 '티사판Tizaapan'에 정착하게 했습니다. 뱀이 우글거리는 곳에 보내면 그들이 고생스럽게 살다가 달아날 것이라고 생각한 것이지요. 그러나 메쉬카는 늪지대에서 머물렀던 경험이 있었고, 쿨우아보다 한 걸음 앞서 있었습니다. 그들은 디시핀의 뱀을 슬기롭게 처리했습니다. 뱀을 무조리 요리하고 구워서 식량으로 삼았던 것이지요. 그렇게 메쉬카는 티사판에서 자리를 잡고 정착해나가기 시작했습니다.

그러자 얼마 지나지 않아 코쉬코쉬틀리는 그들에게 트집을 잡아 몰아내고자 무리한 것을 요구하기 시작했습니다. 먼저 그는 메쉬카에게 뱀과 학이 사는, 풀이 무성한 들판을 옮길 방법을 찾으라고 명했습니다. 메쉬카는 그들의 수호신인 우이칠로포츠틀리의 도움을 받아 과제를 완수했습니다. 들판의 뗏장(흙이 붙은 상태로 뿌리째 떠낸 잔디 판)을 나누어 하나씩 옮겼던 것입니다. 이에 크게 놀란 코쉬코쉬틀리는 감탄 섞인 목소리로 이렇게 말했습니다.

"메쉬카는 대체 어떤 사람들인가?"

이어서 그는 꿰뚫린 상처나 뼈가 부러진 곳 없는, 온전히 성한 사슴을 사로잡아 오라고 명했습니다. 사슴을 사냥하면서 상처를 내지 않는 일이 가능할까요? 메쉬카는 불가능해 보이는 일도 해냈습니다. 사슴을 몰아 진흙탕에 빠뜨린 후, 꼼짝하지 못하게 만들어 사로잡았던 것이지요. 쿨우아칸의 지도자는 경이로워하며 또 이렇게 말했습니다.

"메쉬카는 대관절 어떤 종족이란 말인가?"

코쉬코쉬틀리는 머리를 굴려 수를 썼습니다. 이번에야말로 메쉬카를 몰살할 수 있다고 생각했지요. 그는 메쉬카에게 쇼치밀코에서 필요한 것을 자유롭게 약탈하라고 명했습니다. 동시에 쇼치밀카에게는 메쉬카를 기습하라고 넌지시 흘렸지요. 그러나 메쉬카는 코쉬코쉬틀리의 함정에 대비되어 있었습니다. 그들은 힘껏 싸워 쇼치밀카를 무찔렀습니다. 그와 동시에 코쉬코쉬틀리에게 자신의 종족을 건드리지 말라고 무언의 경고를 보냈지요.

마침내 코쉬코쉬틀리는 포기했습니다. 그는 메쉬카에게 신성한 꾸러미를 묻고 신전을 지은 다음 그들의 시대를 여는 의식을 행해도 좋다고 허락했습니다. 메쉬카가 의식을 준비하자 코쉬코쉬틀리는 몸소 그것을 보러 왔는데, 여기에는 호기심에 왔다는 설과 초대를 받아 왔다는 설이 있지요. 메쉬카는 의식 중에 쇼치밀카 포로 두 사람을 살려 두었다가 희생 제물로 삼아 제단에서 불태웠습니다. 그들을 불태운 자리에서 터키석 뱀인 시우코아틀Xiuhcoatl이 등장했습니다. 이는 불의 신인 '시우테쿠틀리Xiuhtecuhtli'의 정령적인 형태로 여겨집니다.

희생 제의가 이루어지는 동안 하늘에서 찢어지는 듯한 비명소리가 들려왔습니다. 얼마 지나지 않아 독수리가 날아와 신전 지붕의 꼭대기에 앉았지요. 이는 메쉬카가 마침내 그곳에 정착할 운명이라는 것을 보여주는 신의 계시였습니다. 이후 쿨우아칸은 메쉬카의 정착을 인정하고 그들의 삶에 훼방을 놓지 않았지요. 그렇게 메쉬카는 차근차근 세력과 기반을 다져갔습니다.

선인장 위의 독수리 ▶ 메쉬카가 신전을 짓자 독수리가 지붕에 내려앉았다는 이야기에는 여러 버전이 있다. 그중 하나는 독수리가 먼저 선인장에 앉았다가 나중에 신전 지붕으로 옮겼다는 내용을 전한다.

아숄로틀과 메쉬카의 땅

메쉬카가 쿨우아와의 전투를 마치고 늪지대에서 살아가는 동안, 어느 귀족 여인이 아숄로틀Axolotl이라는 아이를 낳았습니다(다른 버전에서는 '아숄로우아Axolohua'라고 전하기도 합니다). 다 자라서 성인이 된 아숄로틀은 어느 날 친구들과 늪지대를 돌아다니다가 물에 빠졌습니다. 그는 물과 샘을 관장하는 신 틀랄록의 세계에 잠시 발을 들였다가 기적처럼 살아 돌아왔지요. 돌아온 아숄로틀은 이렇게 말했습니다.

"나는 틀랄록을 보았다. 그는 나에게 이렇게 말했다.
'우이칠로포츠틀리는 이곳으로 오다가 지쳐버렸다.
그의 집은 이곳이고, 그는 이곳에 필요한 존재이며,
따라서 우리는 함께 땅에 살 것이다'라고."

이 이야기를 통해 메쉬카가 믿었던 가장 강력하고 중요한 신이 누구였는지를 알 수 있지요. 바로 우이칠로포츠틀리였습니다. 그는 메쉬카를 수호하는 중심 신이었습니다. 메쉬카는 위기가 따를 때마다 우이칠로포츠틀리에게 지혜와 용기를 구하게 될 것이었지요.

이번 챕터에서는 치치메카의 고난과 역경, 그리고 메쉬카족의 정착을 중점적으로 살펴보았습니다. 메쉬카족과 치치메카는 아즈텍 제국을 형성하는 데 큰 역할을 한 가장 중요한 두 종족이지요. 일부 치치메카는 메쉬카와 갈등을 빚고 끝끝내 친교를 맺지 못했지만, 대부분 메쉬카와 오랜 시간 동맹 관계를 맺으며 그들이 정착하고 도시국가를 세우는 것을 도왔습니다.

이제 메쉬카는 멕시코 분지에 완전히 터를 잡았습니다. 메쉬카를 구성하는 각 칼풀리(가문)의 지도자는 감동적인 연설을 통해 종족을 하나로 묶었습니다. 거대한 호수 위의 섬, 메쉬카의 터전에는 장차 테노츠티틀란이 세워질 것이었습니다. 메쉬카는 고난을 겪고도 살아남았고, 끈질기게 이겨냈습니다. 그리고 그들의 땅이자 터전을 당당하게 쟁취했습니다.

한 걸음 더 — 아즈텍의 특별한 농경법

아즈텍은 호수 인근에 정착했기 때문에 경작할 땅이 많지 않았고, 그래서 경작지를 소중히 여겼습니다. 그들은 땅을 '밀리Milli' 또는 '밀파Milpa'라고 부르며 신성시했습니다.

이들에게는 치남파Chinampa(갈대로 엮은 울타리)라는 특별한 농경지가 있었습니다. 얕은 물가에 밭을 만드는 법을 고안해낸 것이지요. 치남파 농법을 잠시 살펴봅시다.

아즈텍 사람들은 우선 호수에 말뚝을 박고, 그 사이에 갈대를 엮어 울타리를 만든 다음 흙을 층층이 채워넣었습니다. 모서리에는 버드나무를 심어 울타리를 안정적으로 고정했지요. 오늘날 멕시코시티 남부, 운하와 인공 섬이 많은 쇼치밀코 인근에서는 풍부한 식물 군락지를 볼 수 있습니다.

치남파의 가장 특징적이고 기발한 점은 물 위에 밭을 만들었다는 것입니다. 아즈텍 제국이 자리했던 메소아메리카 중부 지역은 비가 자주 오지 않아 농사를 짓기에 힘든 환경이었습니다. 그러나 치남파는 호수 위에 만들어진 밭이기 때문에 물을 대기가 쉬웠지요. 가뭄이나 건기에도 농사를 효율적으로 지을 수 있었습니다. 게다가 호수의 퇴적물이 비료 역할을 하며 토지를 비옥하게 유지해주어 당대 치남파의 경작량은 다른 밭보다 훨씬 높았을 것으로 보입니다.

식민 시대를 거치며 거대한 호수 지형이 매립되어 물 위의 전통 밭 치남파는 점점 사라졌지만, 최근 들어 옛 농법을 살리려는 움직임이 활발해지고 있습니다. 2018년에는 유엔에 의해 세계주요농업유산에 지정되기도 했지요.

치남파를 묘사한 현대 회화 ➤ 멕시코 현대 화가 호세 무로 피코José Muro Pico의 작품이다. 호수 주변에 터전을 잡았던 아즈텍족은 흙을 쌓아 물 위에 밭을 만들고 농사를 지었다.

6장
메쉬카의 정착과 도시의 발달
쿠아우티틀란과 테노츠티틀란

  북쪽 치코모스톡에서 멕시코 중앙 고원으로 내려온 종족은 메쉬카만이 아니었습니다. 나우아틀어를 사용하는 많은 종족이 남하했고, 메쉬카는 뒤늦게 내려온 여러 종족 중 하나일 뿐이었지요. 그래서 나우아어를 사용하는 대부분의 종족은 한때 머무르던 동굴에서 벗어나 꽃이 피는 남쪽 지역의 농경 민족과 합류했다는 비슷한 설화를 지니고 있습니다.

  이들은 모두 이웃 부족과 동맹을 맺거나 끊는 일을 중시했습니다. 서로 다른 두 부족이 연합하거나 그 연합 관계가 깨질 때는 필연적으로 폭력과 유혈 사태가 발생하는데, 이들은 혹시라도 벌어질 전쟁과 전투를 막거나 대비하는 일에 집중했습니다. 그러나 이를 제외하고는 각 부족은 저마다 다른 문화와 관심사를 지니고 있었습니다. 아즈텍 제국을 만든 서로 다른 여러 종족이 어떤 관계를 맺었고 어떻게 분열했는지 살펴봅시다.

치치메카를 찾아온 이들

멕시코 고원의 동쪽, 쿠아우틴찬 출신의 한 이야기꾼은 치치메카가 톨란의 멸망과 뒤이은 메쉬카의 여정에서 살아남은 후의 이야기를 전합니다. 익시코우아틀Icxicohuatl(발이 달린 뱀)과 케찰테우에약Quetzaltehueyac(긴 케찰새의 깃털)은 남은 치치메카가 살고 있던 북쪽의 일곱 동굴, 치코모스톡으로 향했습니다. 큰 전쟁이 벌어지면 그들을 돕기 위해서였지요. 일곱 동굴을 둘러싼 산 바깥에서 그들은 벌이 윙윙거리는 듯한 소리를 들었습니다. 케찰테우에약이 지팡이로 산을 깨뜨리자 벌과 말벌이 나타났지요. 나우아틀어를 할 수 있는 코우아친Cohuatzin(명예로운 뱀)도 나타났습니다. 코우아친은 막 도착한 이들을 보고 이렇게 물었습니다.

"당신들은 어디에서 온 누구인가? 무엇을 찾고 있는가?"

익시코우아틀과 케찰테우에약은 이렇게 답했습니다.

"둘이었고 셋이었든 하나가 치치메카를 절박하게 찾고 있소. 그들을 찾으러 왔소."

그러자 코우아친은 다시 산으로 들어갔습니다. 바깥에 와 있는 이들이 누구인지 묻는 치치메카에게 코우아친은 이렇게 답했습니다.

"저들은 당신들을 찾아왔습니다. 둘이었고 셋이었던 하나가, 당신들을 절박하게 찾고 있습니다."

그러자 치치메카는 코우아친에게 답변을 주었고, 코우아친은 바깥으로 나가 익시코우아틀과 케찰테우에약에게 '둘이었고 셋이었던 하나'는 그들의 창조자가 아니라는 말을 전했습니다. 이 말을 들은 케찰테우에약은 더 굳건하게 말해야 치치메카를 동굴에서 불러낼 수 있다는 사실을 깨달았지요.

"이렇게 전하시오. 나는 당신들이 동굴과 언덕에서의 삶에서 벗어나게 해주기 위해 찾아온 사람이라고."

코우아친이 다시 말을 전하자 치치메카는 그런 이들에게는 무언가 특별한 이름이나 호칭이 있지 않겠느냐고 반문했습니다. 코우아친이 그 질문을 전하자 케찰테우에약과 익시코우아틀은 나우아틀어로 아름다운 노래를 불렀습니다. 코우아친은 다시 동굴로 들어가 그 노래를 전했지요. 노랫소리를 듣고 나서야 치치메카는 비로소 상대의 제안이 지닌 힘을 깨달았습니다. 코우아친이 나서서 치치메카에게 이렇게 말했습니다.

"신성한 물과 불을 얻기 위해 필요한 자, 그런 상황에 놓인 이가 나뿐입니까?"

그리고 코우아친은 다시 바깥으로 나가 치치메카를 대신해 케찰테우에약과 익시코우아틀에게 이렇게 말했습니다.

"저 홀로 밭과 신성한 땅을 맞이하게 할 것입니까?"

그러자 케찰테우에약과 익시코우아틀, 그리고 그들의 좌우를 둘러싼 이들은 이렇게 말했습니다.

"동굴과 언덕에서의 삶을 등지고, 모두가 밭과 신성한 땅을 맞이할 것이며 꽃피는 식물을 소유하게 되리라."

이 말은 당대 사람들에게 큰 영향을 끼친 것으로 보입니다. 식물을 채집해 식량을 마련하던 여성들에게 특히 의미 있는 말이었겠지요. 이후 치치메카는 이동을 시작했습니다. 그들은 앞으로 닥쳐올 새로운 갈등이나 전쟁도 두려워하지 않고 앞으로 전진했습니다. 그들은 자신의 역할이 언젠가 필히 발생할 전쟁에서 물러나지 않고 싸우는 것임을 잘 알고 있었으며, 그에 대한 보상으로 농사를 짓게 될 것도 알았습니다. 곧 그들은 옥수수와 나우아틀어라는 선물을 받았습니다. 이 이야기의 분위기로 미루어 보아 초기 쿠아우틴찬 치치메카 사람들은 유목과 농경을 아주 자랑스러운 전통으로 여겼던 것 같습니다.

틀락스칼테카의 무기

메쉬카와 비슷한 시기에 남하했던 틀락스칼테카(틀락스칼라 사람)의 상황은 달랐습니다. 인구가 많았던 그들은 독립적인 부족으로 남았습니다. 틀락스칼테카는 스페인 탐험대가 멕시코 지역을 침공할 때까지 메쉬카의 가장 강력한 적이었고, 결국 에르난 코르테스와 손을 잡고 아즈텍 제국을 공격하기도 했지요.

멕시코 북쪽 땅에서부터 이동해 중부 분지의 동쪽 골짜기에 새 보금자리를 마련하기까지의 연대기를 담은 그들의 설화에서 틀락스칼테카는 스스로를 고집 센 메쉬카와 달리 매력적이고 용맹한 종족으로 묘사했습니다. 치코모스톡을 떠날 당시, 그들은 제의에서 희생자를 벨 때 사용하는 도구를 가리키고 달력의 기호이기도 한 '세 텍파틀Ce Tecpatl'(부싯돌칼 하나)이라는 이름의 지도자를 따랐습니다. 그들은 남하하는 내내 사냥을

▶ **스페인 정복 직후 그려진 작품에 묘사된 틀락스칼라 왕자** ▶ 틀락스칼테카는 메쉬카와 끊임없이 갈등했다. 이들은 스페인 탐험대가 침공하자 동맹을 맺고 아즈텍 제국을 무너뜨리는 데 일조했다.

계속하고 전쟁을 일으켰습니다.

전해지는 이야기에 따르면 틀락스칼테카의 주요 무기는 활과 화살이었습니다. 그들에게는 심지어 불화살과 사람을 쫓아내는 화살도 있었지요. 그들의 화살은 스스로 사냥감을 찾아 공격했다고 합니다. 공중에 표적이 있을 때면 화살이 스스로 날아가 독수리를 쏘아 떨어뜨렸고, 공중의 표적을 찾지 못하면 다시 내려와 퓨마와 재규어, 뱀과 사슴, 토끼와 메추라기 등의 사냥감을 잡았습니다. 틀락스칼테카는 화살이 떨어진 곳으로 가 그들의 화살이 무엇을 잡았는지 확인하고 기뻐했지요.

키난친과 치말쇼치틀의 만남

쿠아우티틀란은 치치메카와 주변 민족들이 힘을 모아 세운 도시로, 오랜 시간 중부 분지 호수 북쪽에 살던 메쉬카과 친교 관계를 맺었습니다. 옛이야기는 치코모스톡을 떠나 긴 여정에 오른 치치메카의 설화를 전합니다. 이야기 속에서 치치메카는 끊임없이 이동했습니다. 그들에게는 머무를 곳도 입을 옷도 없어, 가죽과 긴 이끼를 두르고 아이들은 그물 자루나 광주리에 넣어 등에 메고 이동했지요. 이들은 전지전능한 신 테스카틀리포카의 '자만하지 말라'는 경고를 기억했습니다. 그들이 자만하게 행동하면 신이 톨란의 어느 지도자를 벌했던 것처럼 그들에게 예상치 못한 형벌을 가할 것이라고 여겼지요.

쿠아우티틀란을 중심으로 전해지는 이야기에 따르면 치치메카를 비롯한 여러 종족은 때로는 서로 동맹을 맺고 때로는 분열했습니다. 어떤 부족이 어디에 정착하는지에 대한 내용이 복잡하게 이어지지요. 그리고 마침내, 우리가 앞에서 살펴봤던 것처럼 메쉬카가 차풀테펙에 이르는 내용이 등장합니다. 메쉬카는 쿨우아의 공격을 받았습니다. 쿠아우티틀란 사람들도 함께 메쉬카를 공격하자는 제안을 받지만, 그들의 지도자는 동의하지 않았습니다. 오히려 그는 메쉬카에게 사절을 보내 쿠아우티틀란은 그들의 적이 되지 않을 것이라는 메시지를 전했습니다. 메추라기와 칠면조 알, 작은 뱀 등 메쉬카가 좋아한다고 알려진 선물도 함께 말이지요.

'키난친Quinantzin'이라는 이름의 쿠아우티틀란의 족장은 메쉬카가 겪은 어려움, 공주 치말쇼치틀이 쿨우아칸에 끌려가 겪은 수모에 대한 소식을 들었습니다. 여기서 새로운 이야기가 시작됩니다. 키난친은 부족민들에게 포로로 잡힌 치말쇼치틀을 구해오라고 시켰습니다. 어려운 임무였지만 쿠아우티틀란 사람들은 치말쇼치틀을 구해 키난친 앞에 데려왔지요.

치말쇼치틀을 본 키난친은 그녀에게 한눈에 반했습니다. 그는 그녀에게 다가가 부부의 연을 맺을 것을 제안했지요. 그러나 치말쇼치틀은 거절했습니다. 그녀는 스스로 신에 헌신하기 위해 단식을 지속해야 하며 2년 정도 지난 후에 혼인하자고 답했지요. 또한 그녀는 자신이 믿는 신에게 제물을 바치고 기도할 수 있도록 흙바닥에 작은 제단을 마련해달라고 부탁했습니다. 키난친은 치말쇼치틀의 요구를 들어주고, 2년을 기다려 혼례를 올렸습니다.

정세 파악과 대처에 능했던 이들

키난친과 치말쇼치틀 사이에는 두 아이가 태어났습니다. 키난친이 첫 아이의 이름을 지었지만 치말쇼치틀은 그 이름이 마음에 들지 않았고, 둘째 아이의 이름은 직접 지었지요. 아이는 테스카틀리포카를 기려 '테스카틀테쿠틀리Tezcatltecuhtli'(거울의 지배자)라고 이름 붙여졌습니다. 키난친의 뒤를 이어 쿠아우티틀란의 통치자가 된 것은 테스카틀테쿠틀리였지요. 이는 치말쇼치틀이 강한 권력을 가지고 있었음을 시사하기도 합니다.

이제 메쉬카와 쿠아우티틀란의 족장 가문은 더 밀접하게 엮이게 되었습니다. 쿠아우티틀란의 이야기꾼은 메쉬카의 이야기에 한층 공감을 더해 사람들에게 전달했습니다. 그는 쿨우아가 메쉬카를 약탈하고 괴롭혔던 사실도 전달했습니다. 쿨우아가 메쉬카 남성을 속여 불러내고는 테파네카를 보내 메쉬카 여성들을 공격하고 겁탈했다는 이야기도 가감 없이 전달했지요. 결국엔 메쉬카가 폭력적으로 갈등을 진압했지만, 이는 정당한 일이었다는 뉘앙스로 말입니다.

그러나 쿠아우티틀란은 쿨우아칸과 관계를 완전히 끊지는

않았습니다. 훗날 쿠아우티틀란의 통치자가 되는 우악틀리Huactlin는 사냥을 나갔다가 테풀코Tepulco라는 곳에서 젊은 여성을 만났지요. 첫눈에 봐도 기품이 있던 그녀에게 우악틀리는 누구의 딸인지, 어디에서 왔는지 물었고 그녀는 자신이 쿨우아칸의 쿠쉬쿠쉬틀리의 딸 이스톨판쇼치틀Iztolpanxochitl(사랑스러운 꽃)이라고 답했지요. 우악틀리는 그녀와 결혼해 여러 아이를 두었습니다.

그들의 여러 아이 중 하나인 이스탁토토틀Iztactototl(하얀 칠면조)은 자라서 전사가 되었고, 전쟁에 참전했습니다. 그는 어느 날 우연히 외조부인 쿨우아칸의 코쉬코쉬틀리를 만나야겠다고 생각했습니다. 그가 코쉬코쉬틀리를 찾아가자 노인이 된 그는 크게 기뻐했습니다.

"나는 이미 죽어가는 늙은이다. 내가 죽으면 이곳 쿨우아칸 통치자의 자리를 네게 물려주마."

그러나 예언 능력이 있던 이스탁토토틀은 쏠쏠히 웃으며 이렇게 말했지요.

"제가 누구를 다스리겠습니까? 쿨우아칸은 지속되지도 못할 텐데…. 조각조각 부서져 흩어질 것입니다."

코쉬코쉬틀리는 분노에 차 그런 일은 일어나지 않을 것이라 했지만, 결국 이스탁토토틀의 말처럼 되었지요. 쿨우아칸은 메쉬카라는 새로운 태양이 뜨자 어두운 그림자처럼 역사의 뒤안길로 사라지고 말았습니다. 쿠아우티틀란은 치말쇼치틀이 남긴 '내 머리카락과 손톱이 모두 전사가 될 것이다'라는 예언을 믿었습니다. 결국 예지자의 뜻에 따라 누가 강대국이 될지 판단하고 전략적인 친교를 맺었던 것이지요.

아즈텍 제국의 중심, 테노츠티틀란

각 종족과 알테페틀은 메쉬카 연합체에 대해 서로 다른 시각을 가지고 있었지만 점차 메쉬카의 테노츠티틀란이 그들의 세계를 아우르는 우두머리 도시국가로 성장할 것이라고 생각했습니다. 오랜 시간이 지난 뒤 에르난 코르테스 휘하의 보병들이 아즈텍 제국의 중심 도시국가 테노츠티틀란을 보고 깜짝 놀란 것도 무리가 아니지요.

스페인 사람들은 멕시코 중앙 고원을 둘러싼 산맥에 올라 한가운데에 있는 거대한 테스코코 호수를 발견합니다. 호숫가를 따라 작은 마을들과 아즈텍의 전통 밭인 치남파가 있었고 섬에는 거대한 왕궁과 높은 신전이 있었습니다. 물 위에 지어진 거대 도시와 제방 도로를 본 스페인 사람들은 크게 감탄했습니다. 호수에 떠 있는 땅에 돌로 만든 피라미드와 건물이 굳건하게 버티고 있는 모습에 충격을 받았지요.

그러나 테노츠티틀란도 처음부터 그렇게 웅장한 도시는 아니었습니다. 스페인 탐험대가 도착한 것은 이 도시가 처음 탄생한 지 약 200년이 지난 후였습니다. 초기 테노츠티틀란은 소박하고 아름다운 도시였지요. 사람들은 '물 한가운데 있는 선인장의 곡장, 독수리가 활공하고 뱀이 머무르며 물고기가 헤엄치는 곳'을 찾아왔습니다. 메쉬카는 계획을 세워 차근차근 섬 위에 도시를 건설했습니다. 스페인 사람들이 떠나온 당대 유럽의 도시와는 딴판이었지요. 테노츠티틀란은 무계획적으로 구불구불한 길과 골목을 내며 성장한 것이 아니라 반듯한 도시 계획에 기반해 지어졌습니다. 덕분에 호숫가 주변 제방을 지나 질서정연한 섬의 중심부까지 잘 설계되고 정비된 도로가 이어져 있었지요.

메쉬카는 작은 신전을 짓는 일부터 시작했습니다. 땅을 다지고 부지런히 쓸어 작은 피라미드의 단을 다졌습니다. 하루치 일을 마치고 저녁이 되면 호수에서 낚시를 해서 잡은 물고기를 구워 먹었습니다. 먹음직스러운 냄새와 연기가 공중으로 피어올랐지요. 때때로 연기는 적을 끌어들였습니다. 땅을 갈취하고 전쟁을 벌이고자 찾아온 이들도 점차 이곳에 정착했고 메쉬카와 뒤섞여 살아갔습니다.

풍요롭고 웅장했던 패권 도시국가

테노츠티틀란은 14세기 초 아주 작은 마을에서 시작되었지만 이후 엄청난 규모로 성장했습니다. 초기에 도시 한가운데에는 우이칠로포츠틀리를 모시는 신전이 세워졌는데 도시가

테노츠티틀란 지도 ▶ 16세기 이후 기록된 유럽의 여러 문헌에 테노츠티틀란의 구조를 상세히 밝힌 지도가 등장한다. 중앙에는 아즈텍 신화의 중요한 두 신 우이칠로포츠틀리와 틀랄록을 모시는 신전이 있었고, 주변으로 왕궁과 사람들의 거주지가 있었다.

발달하며 점차 피라미드 형태로 고쳐 지어졌지요. 그 옆에는 틀랄록을 모시는 쌍둥이 신전이 있었습니다. 신전 건물에는 석회를 칠해 햇살이 들면 밝게 빛났습니다.

도심 한가운데에 틀라토아니(추장)가 머무는 왕궁과 정원이 있었고 이곳에서는 춤과 노래, 구연 공연이 밤늦게까지 이어졌습니다. 때때로 소라고둥 소리가 사람들의 흥취를 돋웠고, 축제 때마다 거대한 북소리와 함께 흥겨운 행사가 이어졌습니다. 왕궁에는 족장과 관리들이 이웃으로부터 받은 공물과 일어난 사건들을 기록한 그림문자 두루마리를 보관하는 도서관이 있었습니다. 동물원도 있어 정복지에서 데려온 이국적인 새와 짐승을 구경할 수 있었지요.

왕궁과 신전을 제외한 주변은 주로 평민의 거처로, 그들은 단층 또는 2층 규모의 집에서 살았습니다. 집 주변으로 뜰과 정원이 펼쳐져 있었고 사방에서 새 지저귀는 소리가 들렸지요. 사람들은 저마다 가정을 꾸리고 열심히 일했습니다. 남자아이들은 대부분 아버지로부터 기술을 배우다가 청소년이 되면 전사나 제관이 되기 위해 학교에서 교육을 받았고, 여자아이들은 어머니로부터 자수, 바느질 등의 집안일을 배우다가 마찬가지로 나이가 차면 학교 교육을 받고 여사제가 되기도 했습니다.

거대한 호수의 물길을 따라 카누를 타고 북쪽 연안으로 갈 수 있었는데, 그곳에서는 큰 시장이 열렸습니다. 시장에서는 칠면조를 비롯한 다양한 새와 식재료를 팔았습니다. 모피와 가죽, 천, 깃털, 보석, 옷과 장신구도 있었지요. 그릇, 구리 바늘, 흑요석으로 만든 칼이나 거울, 용설란으로 만든 종이도 팔았습니다.

대부분의 사회가 그렇듯 아즈텍 제국도 타인의 희생과 노동력을 밑바탕 삼아 유지되었습니다. 시장에서 파는 상품들 중에는 메쉬카에게 정복된 알테페틀에서 공물로 바친 것들이 많았지요. 이들은 전쟁터에서 잡아온 젊은 여성과 아이들을 노예로 삼아 서로 거래하기도 했습니다. 그들 중 일부는 종교 제의에 끌려가 희생당했지요.

오늘날 멕시코시티 중심의 소칼로 광장에는 테노츠티틀란 중앙 신전의 흔적이 남아 있습니다. 스페인 사람들은 아즈텍 제국을 정복해 무너뜨린 뒤 바로 신전 자리에 가톨릭 대성당을 지었지요. 왕궁과 정원, 사람들의 거처도 점차 이방인의 문화와 생활 습관에 따라 바뀌었습니다. 테노츠티틀란은 점차 변화하며 오늘날의 멕시코시티가 되었습니다.

다른 지역과 마찬가지로 멕시코 중앙 고원의 테스코코 호수에 터를 잡은 메쉬카도 수 세대에 걸쳐 고난을 겪었습니다. 그러나 그들은 똘똘 뭉쳐 모든 역경을 이겨냈습니다. 그들은 오만해지지 않고자 창상 우이칠로포츠틀리의 조언을 마음에 새겼고, 반드시 살아남아 오래오래 종족을 유지하겠다는 확고한 다짐과 굳건한 의지로 성실히 삶을 일구었습니다. 그들은 때때로 테스카틀리포카 신에게 이렇게 기도했습니다.

"혹여 우리가 오만하고 건방지고 무례해지거나, 땅과 재산을 욕심내고 독식하거나, 사악하고 무분별하고 어리석어진다면 신께서는 진정 눈물 흘리고 슬퍼하는 이들, 동정을 받을 만한 이들에게 모든 것을 내주시옵소서."

메쉬카는 성실하게 살아가며 위기가 생길 때마다, 때로는 그렇지 않은 순간에도 겸손하고 검박한 내용의 기도를 올렸습니다. 그들은 늘 신의 뜻을 살피고 종족의 안위를 돌보고자 애썼지요. 어렵게 얻어낸 평화를 지키고자 했습니다.

그러나 얄궂게도 역사는 항상 사람들의 생각대로 흘러가지 않지요. 안정기에 접어들면 곧 새로운 위협과 고비가 찾아오기 마련입니다. 메쉬카의 앞에는 또 한 차례의 큰 위기가 기다리고 있었습니다.

테노츠티틀란 전경 ▶ 20세기 멕시코의 국민 화가 디에고 리베라Diego Rivera가 그린, 스페인 정복자들이 도착한 당시의 테노츠티틀란 마요르 신전 인근 풍경이다. 테노츠티틀란은 잘 정비된, 다채롭고 아름다운 아즈텍 제국의 중심 도시국가였다.

어느 밤, 잠든 우이칠리우이틀에게
밤의 신 요우알리Yohualli가 말했다.

"쿠에르나바카Cuernavaca로 나아가야 한다.
오소마친Ozomatzin 왕의 고향으로 가라.
그리고 그의 딸 미야우아시우이틀Miyahuaxihuitl을 데려와라."

잠에서 깬 우이칠리우이틀은 쿠에르나바카로 사자를 보내
미야우아시우이틀과의 결혼을 청했다.
그러자 오소마친은 크게 격분했다.

"우이칠리우이틀이라는 놈이 감히 뭐라는 것인가?
물 한가운데 사는 놈이 내 딸에게 무엇을 준단 말이냐!
고작해야 늪지대 풀로 짜낸 옷을 입히고
보잘것없는 음식을 먹이겠지!
너희 왕에게 돌아가 확실히 전해라,
두 번 다시 여기 오지 말라고!"

— 치말파인 고문서 中

역사와 전설의
희미한 경계

7장 메쉬카의 동맹과 적들

반목하고 공존하며 세력을 키우다

　스페인의 침공과 정복 이후 한 세대쯤 지난 어느 날, 쿠아우티틀란 출신의 원주민 한 사람이 깊은 한숨을 내쉬었습니다. 아즈텍 제국의 과거를 기록한 오래된 글들 사이에 서로 상충되는 내용이 있는데, 이를 어떻게 정리해야 할지 고민에 빠진 것이지요. 그는 부족의 전통에 따라 이야기꾼의 개인적인 관점을 반영해 하나의 내용을 택하는 대신, 양쪽 모두 성실히 보존하여 후대에 전하기로 결정했습니다. 어린 시절 프란치스코회 수도사 아래에서 공부했던 그는 이런 신중한 결정을 내리는 것도 모두 역사를 기록하는 자신에게 주어진 책무라고 생각했습니다. 그는 두 역사를 모두 옮겨 적은 뒤, 나우아틀어로 이렇게 썼습니다.

'족보에 대한 이런 언급은 사실이라고 보기 어렵다. 실제 역사가 어떻게 흘러갔는지는 앞에 밝혀 두었다.'

후대 멕시코 역사가들은 모두 아즈텍인들이 남긴 역사적 기록이 서로 일치하지 않는 문제를 두고 오랜 시간 고심하고 토론을 벌였습니다. 그러나 이런 작업에 지나치게 골머리를 앓을 필요는 없습니다. 어떤 인물이 7살에 왕위를 계승했는지 9살에 했는지, 그가 젊은 숙모와 혼인 관계를 맺었는지 아니면 사촌 누이와 맺었는지, 아즈텍의 역사를 공부하다 보면 이런 상세한 디테일은 조금씩 틀릴 수밖에 없습니다. 인물의 상황을 이해하기 위해 그가 아주 어린 나이에 왕위를 계승했다는 사실, 그리고 가까운 친척과 결혼했다는 사실을 알고 이해하는 것으로 충분하지요.

나우아틀어로 기록된 역사 속 전설 같은 이야기들은 청자를 아즈텍 제국의 정치적 상황으로 자연스럽게 이끕니다. 특히 스페인 탐험대가 도착하기 전에 일어났던 오래된 사건들에 대해서는 정확하고 자세한 묘사보다 역사의 근본적인 흐름을 이해하는 것이 중요하지요.

몬테수마 2세의 대관석 ▶ 아즈텍 제국에서는 새로운 왕이 재위하면 대관석을 만들어 기념했다. 몬테수마 2세의 대관석에는 다섯 시대 태양의 이름이 각각 기록되어 있다.

아즈텍 제국의 정치학: 혼인 동맹

앞서 살펴본 아즈텍의 신화와 전설을 돌아보면 생존을 위한 싸움과 전쟁이 끊이지 않았다는 생각이 듭니다. 양상은 항상 비슷하지요. 일단 한 집단이 다른 집단의 영토를 침범합니다. 새로운 집단이 터를 잡아 정주하고 사냥을 하며 살아가면 연기가 피어올라 그 지역에 먼저 살고 있던 선주민의 눈에 띄기 마련이지요. 어느 치치메카 족장은 이렇게 말했다고 합니다.

"숲 가장자리에서 연기를 피우는 자가 누구인가? 오, 우리의 용감한 전사들이여! 가서 그들에게 화살을 쏘거나 죽여라! 그들은 우리의 손에 떨어진 포로나 다름없다!"

그러나 이렇게 시작된 이야기는 간혹 두 부족의 친교와 화합으로 끝나기도 합니다. 특히 혼인으로 새로운 미래를 맞이하는 경우가 많았지요. 아즈텍 제국의 정치적 상황이 복잡했던 이유 중 하나는 일부다처제 때문이었습니다. 왕족이나 귀족은 부인과 첩을 여럿 맞아들이고 여러 명의 자식을 두었습니다. 그러나 지배자가 많은 후사를 두면 필연적으로 새로운 정치적 갈등과 암투가 시작되기 마련이지요.

다른 문화권과 마찬가지로, 아즈텍 제국에서도 지배 세력의 혼인은 단순히 부부의 연을 뜻하지 않았습니다. 특히 높은 지위에 있는 이들의 혼인은 정치적으로 중요한 문제였지요. 그렇다고 두 종족 사이에 혼인이 성사되면 무조건 평화가 찾아

오고 혼담이 결렬되면 전쟁이 터졌다고 속단할 일은 아닙니다. 그런 단순한 시선으로 복잡하고 다채로운 아즈텍 역사를 제대로 파악하기 어렵습니다(가령 19세기에 영국의 빅토리아 여왕은 유럽의 평화를 유지하기 위해 자녀들을 스페인, 덴마크, 독일 등으로 보내 결혼시켰지만 결국 1차 세계대전이 발발했지요).

> **한 걸음 더** **아즈텍의 혼인 문화**
>
> 아즈텍 제국의 왕족과 귀족 등 부유층은 종종 여러 부인을 맞아들였지만 대부분의 사람들은 평생 한 사람과 살았지요. 젊은 남성이 나이를 먹고 혼기가 차면 웃어른들이 모여 어떤 여성과 이어줄지 의논했습니다. 상대가 정해지면 집안 여자들이나 매파가 선물을 들고 신부의 집으로 찾아갔습니다. 양쪽 집안이 혼사에 동의하면 신랑 측에서 점쟁이 토날포우키에게 길일을 잡아 달라고 부탁하고, 여자들은 옥수수 잎에 돼지고기를 넣어 싼 전병 같은 전통음식, 타말Tamale을 준비했습니다.
>
> 혼인날이 밝으면 손님들은 용설란 섬유, 말린 옥수수 꾸러미 등 선물을 들고 신랑의 집에 방문했습니다. 모든 초대 손님들은 음식과 술을 먹고 마시고, 꽃으로 만든 목걸이를 걸고 함께 축하했지요. 그 사이 신부의 집에서는 신부를 씻기고 색색의 물감과 보석, 깃털로 아름답게 치장했지요. 이때 어머니는 딸에게 안주인으로서 현명하게 집안을 이끌어 가는 법도 가르쳤습니다. 딸은 부모를 떠날 때 키워준 네 대한 감사 표시로 눈물을 흘리기도 했습니다.

거의 해가 질 때쯤, 신랑의 집안에서 힘세고 나이 든 여성이 신부의 집에 와서 천으로 신부를 업고 신랑 집으로 데려갔습니다. 가는 길에는 햇불을 피우고, 신부의 친척들이 모두 동행했지요. 모두의 시선은 신부에게 집중되었습니다.

신랑의 집에 도착한 신부는 신랑 왼쪽에 앉아 양가 어머니의 선물을 받았고, 어머니들은 신랑의 겉옷에 신부의 전통의상 우이필리Huipilli를 묶었습니다. 또한 신랑의 어머니는 두 사람에게 타말을 먹였습니다. 마지막으로 가족들은 새로운 한 쌍의 젊은 이들을 외딴 방에 데려다주고 문을 닫았습니다. 두 사람은 나흘 간 함께 시간을 보낸 뒤 비로소 부부가 되었지요.

아즈텍의 혼례 의식을 묘사한 그림 ▶ 보르자 고문서 등에 아즈텍의 혼례 의식에 대한 기록이 남아 있다.

혼인이 불러온 세력 다툼과 전쟁

오랜 시간 주변 종족과 반목과 공존을 반복했던 메쉬카는 혼인이 평화를 굳건히 지켜주리라는 안일한 믿음을 가질 만큼 순진하지 않았습니다. 그들은 여러 차례 혼인 동맹을 맺었지만 종족 사이 정치적 관계는 혈연 관계보다 복잡했지요. 혼인 동맹은 평화를 지켜주기도 했지만 때로는 부부 중 한 사람의 죽음을 야기하기도 했습니다.

아즈텍인들은 본질적으로 평화를 유지하기 위해서보다 알테페틀 사이의 정치적 관계를 쌓기 위해 혼인을 활용했습니다. 강력한 알테페틀은 상대적으로 약한 종족에게 두 번째 부인이 될 신붓감을 내놓으라고 요구했습니다. 이는 첫 부인에게서 자식을 얻지 못해 다른 부인에게서 후사를 얻기 위한 전략이기도 했고, 동시에 약한 도시국가의 복종을 의미하기도 했습니다. 물론 현명한 여인이 강력한 도시국가로 시집을 가서 후계자를 낳고 자신의 종족에게 도움이 되는 결과를 가져오는 경우도 있었습니다. 때로는 두 종족 사이에 전쟁이 벌어진 뒤 승리한 쪽이 패배한 이들에게 신붓감을 내놓으라고 하고, 그 사이에 태어난 자녀를 아버지의 고향에서 양육해 충성심을 기른 뒤 어머니 쪽 종족을 통치하도록 보내기도 했지요.

그러나 혼인이란 굉장히 복잡한 관계를 만들어냈고 때로는 사람 사이의 감정이 큰 사건을 일으키기도 했습니다. 한 도시국가 족장의 첫 번째 부인은 자신의 출신 세력이 약해지면 정실 지위를 잃고 물러나기도 했습니다. 태생이 미천했던 첩이 총애를 받아 권력을 손에 넣기도 했지요. 각 알테페틀은 왕가의 통혼으로 맺어진 권력 관계를 바꾸기 위해 전쟁을 일으키기도 했습니다. 족장이나 왕이 여러 부인을 둘수록 종족의 규모는 커졌고, 자손이 늘수록 서로 갈등을 빚기 쉬웠습니다.

알테페틀 사이의 전쟁 대부분은 사실상 이복형제끼리 서열을 두고 싸우는 내전과 같았습니다. 세력이 약한 쪽은 다른 알

우이칠리우이틀의 복잡한 혼인 관계 ▶ 텔레리아노 레멘시스 고문서에 실려 있던 그림으로, 테노츠티틀란의 두 번째 왕 우이칠리우이틀의 복잡한 결혼 관계를 묘사한다. 다양한 종족 출신의 부인을 두어 정치적 상황이 복잡했을 것으로 보인다.

테페틀에 지원군을 요청했으므로 내전은 후대인의 관점에서는 때로는 다른 도시국가의 침략으로 인한 것처럼 보이기도 합니다. 아즈텍 역사 속 대부분의 전쟁에서 혼인 동맹과 결혼은 중요한 요소가 됩니다.

메쉬카의 전략: 균형과 합의

메쉬카의 테노츠티틀란이 성장하기 전에 테파네카의 아스카포살코가 멕시코 중부 분지를 장악했던 것을 기억하나요? 다른 알테페틀에서 전해지는 이야기에 따르면 아스카포살코의 왕들은 정치적 목적을 이루기 위해 복잡한 통혼 체계를 남용했다고 합니다.

일례로 아스카포살코의 강력한 왕이었던 테소소목Tezozomoc은 쿠아우티틀란 출신의 두 번째 부인에게서 얻은 아들을 어머니의 고향으로 보내 통치하게 했습니다. 그러나 쿠아우티틀란 사람들은 이를 받아들일 만큼 아스카포살코를 인정하지 않았지요. 그러자 테소소목은 아들을 왕으로 추대하지 않은 데 대한 분노로 쿠아우티틀란의 선왕을 죽이기도 했지요.

시간이 흘러 테소소목이 세상을 뜨자 그의 여러 배다른 자식들이 각 도시국가를 맡아 다스리게 되었습니다. 그중 약한 도시를 물려받은 아들 마스틀라Maxtla는 이복형제가 받은 유산인 아스카포살코 왕권을 열망했지요. 그는 이복형제와 그의 측근을 공격하고 도시를 점령했습니다. 전해져 오는 여러 이야기 중 한 버전에 따르면, 당시 테노츠티틀란을 다스리던 치말포포카Chimalpopoca는 마스틀라의 아스카포살코 통치가 마음에 들지 않았습니다. 치말포포카는 마스틀라의 동생 케찰라야친Quetzalayatzin에게 이렇게 조언했지요.

"친구여, 자네는 왜 형 마스틀라에게 왕국을 빼앗겼는가? 자네는 왕이고, 자네의 아버지는 숨을 거두기 전 모두에게 여러 지위를 주지 않았나? 가서 형 마스틀라를 처단하게. 그가 자네의 왕국을 다스리고 있지 않은가!"

마스틀라는 이 소식을 듣고 치말포포카를 공격했고, 이후 여러 알테페틀이 엮인 대규모 전쟁이 뒤따랐습니다. 사실 역사적으로 치말포포카가 케찰라야친에게 마스틀라를 공격하라고 제안했는지 정확히 알 수는 없습니다. 중요한 것은 메쉬카가 아스카포살코에서 마스틀라에게 쫓겨난 형제들의 편을 들어 함께 싸웠다는 점이지요. 이야기꾼들은 그 사실을 흥미진진하게 전달해 후대에 남겼고요.

메쉬카가 강력한 힘을 가지고 우위에 설 수 있었던 이유 중 하나는 다른 종족 내부의 경쟁에서 노련하게 대처했기 때문입니다. 또한 타 종족과 달리 메쉬카는 서로 다른 어머니 사이에 태어난 형제들이 균형과 합의를 이루고자 계속 노력하며 내전을 막았습니다. 어떤 왕은 자신의 사후에 아들이나 동생이 뒤를 잇게 하지 않고, 오히려 권력이 경쟁 부족의 손에 넘어가도록 유언을 남기기도 했습니다. 그 조건으로 그의 딸이 경쟁 부족의 유력한 아들과 혼인해 결국 그의 손자가 왕 자리에 오르게 한다는 다짐을 받고 말이지요. 후계자가 너무 어린 경우에는 성인이 되고 나서 왕 자리에 오를 수 있도록 돕기로 합의하기도 했습니다.

아즈텍 제국의 역사는 부와 권력에 대해 노골적인 사람들의 욕심을 잘 보여줍니다. 이런 솔직하고 물욕적인 면모는 때때로 이야기나 연설의 형식으로 남아 후대에 전해졌지요. 그중 메쉬카 왕인 몬테수마 1세의 말을 살펴봅시다. 그는 자신에게 주어질 왕위를 먼저 숙부에게 넘겨주었지요.

"나는 나중에 통치하겠다.
내 친애하는 숙부 이츠코아틀Itzcoatl이 왕위에 오를 것이다.
나는 메쉬카 테노츠카(테노츠티틀란에 사는 메쉬카)가
충분한 음식과 물을 얻고 훗날에 대비하도록 돕겠다.
강력한 권한을 가질 수 있도록 뒷받침할 것이다.
나는 통치자가 될 생각이 없다.
나는 틀라카텍카틀Tlacateccatl(높은 직위의 고문)에 오르겠다.
숙부가 이 땅을 통치하는 동안,
나는 전사로서 주변 알테페틀을 점령하고
우리 부족을 위해 더 많은 땅을 얻어오리라."

아즈텍 제국에서 여성의 위치

 협력과 갈등의 역학이 지배하는 세계에서, 한 인물의 지위는 대개 그의 어머니나 할머니가 누구인지에 따라 결정되었습니다. 그러므로 아즈텍사에서 여성은 혼인을 통해 정치적으로 중요한 역할을 했다고 볼 수 있습니다. 간혹 어떤 학자들은 아즈텍 제국의 여성들은 누구와 결혼할지 결정하고 통제할 권리가 없었으며 혼인도 철저히 남성 중심으로 맺는 동맹과 같았다고 봅니다. 그러나 그런 속단은 옳지 않지요. 설화와 전설에 따르면 대부분의 부족에서 여성은 능동적인 삶을 살았습니다. 알테페틀의 크고작은 일에 대한 의사 표현도 정확히 했지요. 한 사료에 따르면, 메쉬카가 자국의 왕자 중 하나를 쿠아우틴찬 왕위에 올려 내정 간섭을 하려 했던 적이 있습니다. 이때 나니오친Naniotzin(존귀한 어머니)이라는 용기 있는 여성이 이렇게 소리쳤다고 하지요.

 "그가 과연 우리의 통치자가 되기에 적합한가? 그는 아야파네카Ayapaneca(부모 중 한쪽이 적국 출신인 사람)가 아닌가? 이런 일은 있어서는 안 된다!"

 특히 메쉬카인은 모두 함께 참여하는 사회적·정치적 활동에서 여성의 역할이 중요하다고 여겼습니다. 아이의 탄생, 성인식, 결혼 등 삶의 모든 단계에서 남자아이들은 알테페틀에 대한 의무를 진지하게 받아들여야 한다는 가르침을 받았습니다. 여자아이들은 그보다 더 오랜, 긴 가르침과 조언을 받았지요.

여성은 어머니로서 역할을 수행하며 종족의 미래를 이끄는 존재로 여겨졌고, 자식을 잘 키우고 교육하는 역할을 도맡았기에 어떤 면에서는 미래의 수호자처럼 그려지기도 했습니다. 여성의 위치는 확고했습니다. 누구도 젊은 여성과 소녀를 무시하지 않았지요.

앞에서 신화와 역사의 경계에 있는 여성 치말쇼치틀의 이야기를 살펴봤지요. 그녀가 세상을 떠나고 오랜 시간이 지난 뒤에도 메쉬카 여성들은 그녀를 본보기 삼아 용맹하게 맞섰습니다. 한 설화에 따르면 메쉬카 남성이 전투에서 적군에게 몰살되자 여성들이 방패를 배처럼 타고 호수를 건너 노예가 될 위험에서 벗어났다고 하지요. 그들은 먼저 갓난아기와 어린아이들을 갈대밭에 숨겨 놓고 호수를 건너 달아났다가, 다음날 적군이 모두 사라지자 돌아와 아이들을 찾아냈지요. 가능한 많은 아이들을 무사히 길러 알테페틀의 미래를 잇는 것이 그들의 의무였고, 메쉬카 여성들은 최선을 다해 종족을 이끌었습니다.

메쉬카 여성을 묘사한 소각 ▶ 갓난아이를 안은 여성을 묘사한 조각이 멕시코 중부 곳곳에서 발견된다. 아즈텍 제국에서 여성들은 아이를 보호하고 부족의 안녕을 챙기는 중요한 역할을 했던 것으로 보인다.

8장 아즈텍 제국의 흥망성쇠

200년간 유지된 제국의 빛과 어둠

아즈텍 제국의 옛 기록과 이야기를 살펴보면 메쉬카의 역사는 크게 네 시대로 구분됩니다.

첫 번째는 메쉬카가 테노츠티틀란에 정착하고 왕의 혈통이 확립된 초기 시대로, 12세기 초부터 1350년대까지를 가리킵니다. 두 번째는 1420년대 말부터 1430년대 초까지 비교적 짧은 시기로, 이 시기에 아스카포살코의 족장 마스틀라가 물러나고 메쉬카 세력이 크게 성장하지요. 1428년에는 삼각동맹이 힘을 모아 아즈텍 제국을 건설하기에 이릅니다. 세 번째는 1450년대부터 1500년 전까지 메쉬카 세력이 주변국으로 퍼져나갔던 시기를, 마지막은 16세기 초반 스페인 탐험대가 멕시코를 침공하고 아즈텍 제국이 멸망한 때를 가리킵니다.

아즈텍 설화는 12세기 초부터 16세기 초까지 메쉬카가 겪은 고난과 역경, 영광을 모두 보여줍니다. 설화와 전설이 모두 역사적으로 정확한 사실은 아니지만, 이 이야기들은 아즈텍 사람들에게 큰 영향을 미친 상황과 사건들에 대한 중요한 진실의 실마리가 되어주었습니다.

▶ 테노츠티틀란 왕족 가계도

초기: 메쉬카의 남하와 유랑 생활

앞에서 살펴본 것처럼 메쉬카는 '아스틀란'이라 불리는 곳으로부터 출발한, 나우아틀어를 구사하는 여러 종족 중 가장 마지막에 남하했습니다. 이들은 1200년대에 멕시코 분지에 도착해 수년간 유목 생활을 했고, 여러 종족과 상부상조하며 살아갔습니다. 물론 메쉬카의 족장은 있었지만 그들 자신도, 외부 종족도 메쉬카에게 틀라토아니, 즉 도시국가를 대표하는 왕이 있다고 생각하지는 않았습니다.

틀라토아니는 알테페틀로 인정 받은 도시나 부족을 이끄는 지도자를 뜻합니다. 틀라토아니가 정식적인 의례를 거쳐 갈대로 만든 왕좌에 앉는 것은 알테페틀이 건설되었으며 해당 종족이 더 이상 생존을 위해 다른 도시국가나 종족에게 의존할

갈대로 만든 왕좌 ▶ 피렌체 고문서에 등장하는 갈대 왕좌 모습이다. 메쉬카는 갈대로 만든 왕좌를 놓아 왕의 권위를 표현했다.

필요 없다는 것을 뜻했습니다. 틀라토아니의 지배를 받는 곳을 다른 말로 '틀라토카요틀Tlatocayotl'이라고 했는데, 틀라토카요틀이 되기 위해서는 정해진 영토와 그들의 주권을 인정하는 이웃 종족이 있어야 했지요.

중남미 역사에서 틀라토아니는 매우 중요한 인물이었지만 백성들에게 압제를 가하는 독재자나, 두려움과 경외의 지도자는 아니었습니다. 이들은 때때로 독재적인 모습을, 때로는 권위적인 모습을 보였으나 그런 행동이 늘 용인되지는 않았지요. 틀라토아니의 가장 중요한 역할은 종족 사람들을 책임지고 어떠한 대가를 치르더라도 보호하는 것이었습니다. 그들에게는 백성을 이끌고 전쟁을 일으킬 권한이 있었지만, 그런 일은 단순히 자신의 세력을 과시하기 위해서가 아니라 승리할 수 있다는 확신이 있을 때만 가능했지요. 패배할 전쟁은 피하는 것도 훌륭한 틀라토아니의 자질이었습니다.

틀라토아니는 여러 배우자를 둘 수 있었지만 그러기 위해서는 일단 모두를 먹여 살릴 수 있는 충분한 부를 축적해야 했고, 다른 남자의 부인을 배우자로 삼는 것은 허락되지 않았습니다. 술에 취해 행패를 부리는 일도 철저히 금지되었지요. 틀라토아니가 이런 모습을 보이면 백성들이 나서서 그에게는 통치할 자격이 없다고 목소리를 높이기도 했습니다.

일단 틀라토아니의 자리에 오르면 전설적인 신 테스카틀리포카에게 기도를 올려야 했습니다. 스스로에게 자격이 부족하지만 최선을 다해 맡은 바 소임을 해내겠다고 말이지요. 그는 큰 짐을 짊어지겠다고 노래하고, 곁에서 지켜보는 백성들은 지도자의 자리를 수락해달라고 화답했지요. 사람들은 때때로 틀라토아니를 '손자'라고 불렀고, 틀라토아니는 예의를 담아 종족 사람들을 '아버지'라고 불렀습니다. 사람들이 틀라토아니에게 건넨 노랫말을 살펴봅시다.

"늘 사려 깊게 생각하고 조심하라, 손자여. 오, 귀중한 군주여.
모두가 땅 위에 살며 모두가 산봉우리로 나아간다.
저곳과 이곳 모두에 심연이 있다. 어디로도 돌아볼 수 없다.
맹수처럼 이와 발톱을 드러내지 말고, 분노하지 마라.
두려움은 퍼뜨리고, 이빨과 발톱은 숨겨라."

메쉬카는 족장뿐만 아니라 신을 향해서도 의무를 다하라는 기도를 보냈습니다. 사람들은 가장 약하고 죄 없는 존재인 아이와 동물들이 부정을 저지른 귀족만큼, 또는 그보다 더 큰 고통에 빠져 괴로워하고 있다는 내용을 담아 틀랄록에게 비를 내려달라고 간절히 염원했습니다. 가뭄 속에서 사람뿐만 아니라 동물들이 얼마나 고통스러운지 생생하게 담았지요. 테스카틀리포카에게는 신이라면 무릇 힘없는 이들을 구해야 한다는 내용의 기도를 올렸습니다. 어린아이처럼 나약한 알테페틀을 위해 전지전능한 신이 나서 달라고 말이지요.

테노츠티틀란의 첫 지도자, 아카마피츠틀리

틀라토아니를 정하는 것은 메쉬카에게 굉장히 중요한 일이었던 만큼 관련 설화가 여럿 남아 있습니다. 설화의 각 버전은 조금씩 다릅니다. 알테페틀마다 중요하게 여겼던 가치가 달랐기 때문이지요. 중요한 것은, 메쉬카가 가까운 이웃이자 동시에 적이었던 쿨우아칸의 협조를 얻어야 했다는 사실입니다. 쿨우아칸의 왕에게는 메쉬카의 피를 물려받은 손자가 있었습니다. 메쉬카는 그를 자신들의 지도자로 보내달라고 간청했습니다. 그의 원래 이름은 앞서 살펴본 신의 이름을 딴 이츠파팔로틀이었지만, 그가 다스릴 땅이 정해지자 아카마피츠틀리 Acamapichtli라는 새로운 이름이 붙었습니다.

메쉬카는 또한 쿨우아칸에 그의 신부도 보내달라고 간청했습니다. 쿨우아칸 사람들은 이에 동의했습니다. 이방인이자 테노츠티틀란에 터전을 잡은 메쉬카가 반은 쿨우아칸 혈통의 남성을 지배자로 삼고 쿨우아칸 출신 여성을 그 아내로 받아들여 왕조를 열겠다고 나섰으니, 테노츠티틀란 왕가는 쿨우아칸에 대한 충성심을 지닐 것이 당연했습니다. 쿨우아칸 귀족들은 숙고의 시간 끝에 결정을 내렸습니다. 족장 테쿠틀라마카스키 나우요틀Tecuhtlamacazqui Nauhyotl은 어느 여성을 보내기로 결정하고 이렇게 말했지요.

"좋다, 메쉬카여. 이곳 쿨우아칸에서 그를 보내주겠다. 그는 진정한 전사이니 데려가라. 그가 백성들을 잘 돌보도록 하여

라. 그리고 우이칠로포스틀리를 모시는 제관이 그를 보좌하고, 테스카틀리포카가 그를 보호하게 하라. 그는 나의 딸, 귀족 아토토스틀리의 자식이다."

메쉬카는 감사히 받아들였습니다. 쿨우아칸이 메쉬카에게 보낸 왕자는 쿨우아칸이 아니라 코아틀리찬Coatlichan에 머무르고 있어서 그곳에서 그를 찾아내야 했지만, 메쉬카는 기쁜 마음으로 길을 떠났습니다. 이와 관련해 여러 버전의 설화가 등장하지요. 먼저 일란쿠에이틀Ilancueitl(나이든 여성의 치마)이라는 여성이 쿨우아칸 왕자의 부인(또는 숙모)으로 등장합니다. 그녀의 출신지에 대해서도 다양한 의견이 있는데, 어찌 되었든 메쉬카는 쿨우아칸 출신 젊은 남성을 테노츠티틀란으로 데려와 그를 아카마피츠틀리라고 부르며 왕으로 추대했습니다. 그들은 늪지대에 그의 집을 지어주었지요. 기록에 따라 계산해보면 이 일은 대략적으로 서기 1367년 전후에 있었던 것으로 추정됩니다. 아카마피츠틀리는 테노츠티틀란 왕가의 첫 지도자였습니다.

우이칠리우이틀과 몬테수마 1세

얼마 지나지 않아 아카마피츠틀리의 아들 우이칠리우이틀이 자리를 물려받아 테노츠티틀란을 다스리기 시작했습니다. 그의 치세기에는 또 다른 중대한 사건이 일어납니다. 여기에도 아주 중요한 혼인 관계가 엮여 있지요.

아카피츠틀리와 마스틀라 ▶ 아스카티틀란 고문서에는 멕시코 분지에 정착한 테파네카와 메쉬카를 비롯한 삼각동맹 사이에 일어났던 전쟁을 묘사하는 그림이 있다. 왼쪽에는 테노츠티틀란을 다스린 아카피츠틀리가, 오른쪽에는 적대 세력인 테소소목의 아들 마스틀라가 묘사되어 있다.

    테노츠티틀란에 살던 이들에게는 면화가 필요했습니다. 멕시코 중앙 고원은 면화를 재배하기에 좋지 못한 환경이었고, 메쉬카는 장거리 무역을 하고자 했으나 그럴 만한 충분한 돈이 없었습니다. 고민하던 우이칠리우이틀은 면화가 풍부한 쿠에르나바카의 공주에게 청혼을 하기로 결심하지요. 그러나 마법사이자 큰 힘을 지닌 쿠에르나바카의 지도자 오소마친은 그 청혼을 받아줄 생각이 없었습니다. 그는 딸에게 더 나은 혼처를 구해주고자 했습니다(우리가 4부의 첫머리에서 읽었던 글이 바로 이 이야기입니다).

    우이칠리우이틀은 청혼을 거절당하고 매우 실망했습니다. 그러나 밤이 되자 어둠의 신 요우알리가 잠든 그를 찾아가 조언을 건넸지요. 그는 오소마친의 집을 향해 쏠 화살과 그물을 만들고, 갈대 줄기를 아름답게 칠해 꾸미라고 했습니다. 그리고 갈대 줄기 안에 귀하고 반짝이는 푸른 돌을 넣으라고 했지요. 요우알리는 그 갈대 줄기를 활에 매달아 쏘면 오소마친의 딸이 갇힌 곳에 떨어질 것이라고 귀띔했고, 우이칠리우이틀은 그대로 행했습니다.

오소마친의 딸 미야우아시우이틀은 발치에 반짝이는 푸른 돌(보석)이 떨어지자 몹시 놀랐습니다. 그녀는 돌을 들고 경탄했습니다. 호기심에 이끌린 그녀는 보석을 입에 넣었다가 뜻하지 않게 삼키고 말았습니다. 그리고 얼마 뒤 그녀는 아이를 잉태했지요. 바로 아즈텍 제국을 세우는 몬테수마 일우이카미나친Moctezuma Ilhuicaminatzin(몬테수마 1세)였습니다. 메쉬카의 왕이 접근해 그녀를 정치적 상황에 끌어들인 것과 다름없지만 어찌 되었든 그녀에게도 좋은 일이었습니다. 다른 누구도 아닌 그녀의 아들이 훗날 수많은 백성을 다스리는 제왕이 되었으니까요.

그러나 현실적으로 다른 고고학적 사료와 역사 연대기를 보면 테노츠티틀란과 쿠에르나바카 사이에 전쟁이 발발했음을 예측해볼 수 있습니다. 메쉬카는 합의를 이끌어내기 위해 폭력을 사용하는 것도 마다하지 않았고, 혼인을 통해 정치적 동맹을 맺었습니다. 물론 그로부터 몇 세대가 지난 뒤에는 폭력적이고 비극적인 전쟁의 트라우마에서 벗어나기 위해 아름다운 설화만 전달했던 것일 수도 있습니다. 어찌 되었든 오소마친의 딸 미야우아시우이틀은 우이칠리우이틀과 혼인해 아들 몬테수마 1세를 낳았습니다. 몬테수마 1세는 이후 테노츠티틀란의 틀라토아니가 되었지요.

중기: 테파네카와의 전쟁

테파네카는 오랜 기간 멕시코 중앙 고원을 지배했습니다. 아스카포살코에 있는 그들의 터전은 오랜 시간 멕시코 분지에서 가장 강한 도시국가였지요. 아스카포살코를 수십 년간 다스린 테소소목은 여러 부인에게서 많은 아들을 얻었습니다. 이는 그의 사후에 도시국가를 무너뜨릴 발단이 되었습니다. 욕심 많은 아들 마스틀라가 자신에게 주어진 작은 도시에 만족하지 않고 이복형제들을 몰아낸 뒤 아스카포살코의 왕 자리에 올랐기 때문이지요. 그러나 이러한 변화의 시대는 메쉬카를 포함해 소외되었던 주변 부족에게 기회와 같았습니다.

당시 테노츠티틀란의 틀라토아니이자 우이칠리우이틀의 아들 치말포포카Chimalpopoca는 마스틀라와 사이가 좋지 않았습니다. 치말포포카의 가문이 마스틀라가 쫓아낸 이복형제의 가문과 혼인으로 엮여 있었기 때문이지요. 어떤 설화에 따르면 치말포포카가 테소소목의 장례식에 참석한 사이, 마스틀라가 치말포포카의 부인 중 하나를 겁탈해 대놓고 그를 욕보였다고 전해집니다. 부인은 치말포포카에게 이에 대해 고했고, 치말포포카는 마스틀라의 행위를 선전 포고로 받아들였습니다. 마스틀라의 행동에 크게 치욕을 느낀 치말포포카는 신의 도움을 요청하고자 가까운 친구 한 사람을 제물로 바쳤습니다.

치말포포카의 숙부 이츠코아틀은 그의 행동에 반발했습니다. 그는 치말포포카를 몰아내고 자신이 직접 왕위에 올라야겠다고 생각했습니다. 이츠코아틀은 테파네카와 가깝고 마스틀라를 지지하던 처가에 연락했고, 계략을 꾸며 치말포포카가 스스로 목숨을 끊게 만들었습니다. 테파네카가 테노스티틀란의 지도자를 죽였다는 소식이 전해지자 메쉬카는 크게 분노했고 전쟁을 준비했습니다. 그러나 이츠코아틀은 그들의 분노를 잠재우고 스스로 틀라토아니의 자리에 오르지요.

치말포포카에 대한 이 이야기가 사실인지는 불분명합니다. 다른 사료에 따르면 그가 마스틀라의 심복에게 살해되었다고 기록되어 있습니다. 여기에서 중요한 것은 이츠코아틀이 기회를 틈타 개입했고 틀라토아니가 되었다는 역사적 사실입니다.

그로부터 얼마 지나지 않아 전쟁이 발발했습니다. 마스틀라가 지배하는 아스카포살코를 중심으로 한 테파네카와, 이츠코아틀이 지배하던 테노스티틀란을 중심으로 테스코코, 틀라코판이 함께 맺은 삼각동맹 사이에 전쟁이 벌어진 것이지요. 양측은 근처 알테페틀에 사자를 보냈습니다. 모두가 어느 쪽에 서야 할지 고민하던 중 틀라텔롤코, 쇼치밀코, 쿠아우티틀란,

찰코 등지로 위기가 번져나갔습니다.

메쉬카의 젊은 왕자 몬테수마는 숙부 이츠코아틀을 지원하기 위해 찰코로 가 동맹군을 요청했지만 거절을 당하고 도리어 그곳에 감금되었습니다. 그러나 어둠의 신 요우알리가 이번에는 찰코를 다스리는 지배자의 꿈에 찾아가 귀띔했습니다. 메쉬카 출신의 몬테수마를 풀어주어야 한다고 말이지요. 또한 그는 테파네카나 찰카가 아닌 메쉬카 테노츠카가 미래에 강력한 지도자가 될 것이라는 계시를 주었습니다. 꿈에서 깨어난 찰코의 왕은 간수를 불러 옥에 가두어둔 몬테수마를 풀어주라고 이릅니다. 몬테수마 일행은 처음에는 꿍꿍이가 있는지 의심했지만 곧 닥쳐온 위기를 모두 극복하고 고향으로 무사히 돌아갔지요.

이 이야기의 다른 버전에 따르면 몬테수마는 찰코의 지도자가 풀어준 것이 아니라 스스로 도주했다는 내용이 전해집니다. 이 이야기는 좀 더 부드럽고 시적이라 영화로 만들어도 손색이 없고, 관객들에게 큰 감동을 줄 만합니다. 몬테수마 일행은 찰코에서 달아나 숲 가장자리에서 주변 동태를 살폈습니다. 등 뒤에서 발걸음 소리와 인기척이 느껴지자 그들은 멀리 도망쳤고, 테스코코에 이르러 휴식을 취했지요. 어느새 동이 트고 새가 지저귀고 있었습니다. 몬테수마는 지나가던 젊은이에게 목이 마르다며 물을 부탁했고, 그러자 그는 부채선인장을 그릇 삼아 물을 담아 왔지요. 이후 몬테수마 일행은 테치칠라카티틀란Tetzitzillacatitlan에서 잠을 청했습니다. 새벽이 되고 새들이 지저귀자 그들은 다시 이동했습니다. 물가에 도착한 이들은 그 지역 방언으로 어부 한 사람에게 배를 내어 달라고 부탁했지요. 말을 들은 어부는 곧장 배를 몰고 왔고, 그들은 배를 타고 떠났습니다. 모르는 이들로부터 은혜를 입고 탈출했다는 이야기가 인상 깊지요.

테노츠티틀란이 아닌 다른 알테페틀로부터 전해지는 몬테수마 이야기는 상황을 다각도에서 보여줍니다. 그러나 전해지는 설화들을 총합해 결론을 내리자면 당시 테파네카가 오만하게 다른 부족을 지배하고자 하며 동맹과 우방으로부터 멀어지자 이츠코아틀과 그 추종자들이 함께 싸울 세력을 찾았던 것 같습니다. 일례로 쿠아우티틀란은 마스틀라가 억지로 추대한 틀라토아니 아래에서 괴로워하다가 비밀리에 다른 통치자를 추대했지요. 그들과 친밀한 관계에 있던 메쉬카는 이 사실을 알고도 눈감아 주었습니다. 그러니 나중에 전쟁이 벌어졌을 때 쿠아우티틀란이 테노츠티틀란과 메쉬카의 편에 선 것도 당연한 일이지요.

테노츠티틀란, 틀라코판과 함께 삼각동맹을 맺었던 테스코코의 이야기도 잠깐 살펴봅시다. 테스코코의 젊은 왕자 네사우알코요틀Nezahualcoyotl(배고픈 코요테)은 테파네카 출신 부인과의 사이에 아들을 두었던 자신의 아버지가, 그 아들을 후계자 삼기를 거부했다는 이유로 부인의 종족에게 살해되는 장면을 목격합니다. 그가 동굴 안에서 아버지의 죽음을 목격했다는 이야기와 나무 위에서 목격했다는 두 버전의 이야기가 전해지지요. 네사우알코요틀은 그 길로 동쪽으로 도망쳐 우에쇼친코와 틀락스칼라에 있는 친지들의 손에서 성장했습니다.

시간이 흐른 뒤, 메쉬카는 테파네카의 지도자인 마스틀라에 맞서 전쟁을 벌이기로 결정한 뒤 바로 네사우알코요틀을 찾아 동맹 맺기를 청했습니다. 네사우알코요틀은 아버지의 복수를 위해 기꺼이 합류했지요. 그는 동맹 세력을 모두 모아 테노츠티틀란을 돕고 마스틀라를 공격하자고 했습니다. 이렇게 멕시코 분지 동쪽 지역 여러 알테페틀은 메쉬카의 편을 들어 무자비하고 야만적인 테파네카와의 전쟁에서 승리했습니다.

테스코코를 이끈 네사우알코요틀

테스코코의 틀라토아니 네사우알코요틀을 둘러싼 이야기는 정말 다양합니다. 최근 멕시코 역사학자들은 네사우알코요틀을 뛰어나고 너그러운 전사이자 시인, 음악가로 그리고 있지요. 네사우알코요틀은 유능하고 존경 받는 통치자였습니다.

아스카포살코의 마스틀라를 상대로 거둔 승리에 어느 정도 기여한 공로로 네사우알코요틀은 삼각동맹의 주요 인물로 떠올랐습니다. 테스코코는 메쉬카의 테노츠티틀란과 활발히 무역을 하고 교류했습니다. 동시에 네사우알코요틀은 주변 알테페틀 출신 여성들과 전략적으로 혼인하고 얻은 아들을 어머니의 고향으로 보내 통치하도록 해 세력을 키웠지요. 네사우알코요틀의 왕궁은 굉장히 화려하고 부유했으며 저녁이면 사람들이 모여 춤추고 노래했다고 전합니다.

이렇게 테스코코의 풍요를 이끌었던 지도자에게도 위기의 순간은 찾아왔습니다. 네사우알코요틀에게는 톨란 출신 첩이 있었는데, 그녀가 노래를 부르다가 네사우알코요틀의 아들 중 한 사람과 사랑에 빠진 것이지요. 네사우알코요틀은 스스로 세운 법 때문에 어쩔 수 없이 아들을 사형에 처했습니다.

그런데 사실 여기에는 다른 역사적 맥락이 있습니다. 네사우알코요틀은 나이가 들었고, 이웃 메쉬카의 지배자는 죽고 새로운 지배자가 등극했지요. 네사우알코요틀의 후계자는 옛 메쉬카 지배자의 가까운 친척이었습니다. 그러나 새로 등장한 지배자는 자신과 가까운 세력이 테스코코의 지배권을 물려받길 바랐고, 극적인 소문을 퍼뜨려 네사우알코요틀의 첫 부인과 아들들을 몰아내고 자신과 가까운 이를 그의 부인과 후계자 자리에 올려놓은 것이지요. 그 결과, 네사우알코요틀은 수십 명의 아들을 두었지만 그가 세상을 떠난 뒤 고작 아홉 살밖에 되지 않은 네사우알필리Nezahualpilli(배고픈 이의 아들)가 왕위를 물려받게 되었습니다.

테스코코의 네사우알코요틀은 주요 동맹과 기민하게 상호작용하는 결단력 있는 전사이자 지혜 많은 틀라토아니였습니다. 그는 여러 정치적 변혁기를 능수능란하게 헤쳐 나갔고, 덕분에 테스코코는 50여 년간 비교적 안정적으로 유지될 수 있었지요. 오늘날 멕시코 역사학자들 사이에서 네사우알코요틀은 뛰어난 지배자로 평가받고 있습니다.

네사우알코요틀 ▶ 네시우알고요틀은 아즈텍 세국 알네빼를 숭 테스코코의 지배자였으며 뛰어난 학자로도 널리 알려져 있다. 사진은 멕시코 조각가 움베르토 페라사Humberto Peraza가 제작한 네사우알코요틀 동상이다.

중후반기: 급부상한 메쉬카 세력

15세기 후반 중부 멕시코의 역사는 메쉬카가 주변 종족과의 세력 다툼에서 승리하며 점점 성장하는 과정이었습니다. 초기에 가뭄과 기근 등 어려움을 겪은 메쉬카는 탄탄한 기반을 다지는 데 집중했습니다.

옛 아즈텍 설화 속에서 기근은 불운을 가져다준다고 알려진 '1-토끼'의 해와 얽혀 있습니다. 그 해에는 흉작이 들고 기근이 정점을 찍었습니다. 비가 오지 않자 땅은 바짝 메말랐고, 농사를 제대로 짓지 못해 수확할 작물이 없었습니다. 이처럼 극도로 힘겨운 시기에 메쉬카를 비롯한 다른 여러 종족들은 노예를 매매하는 장거리 무역상을 통해 자신의 아이를 팔아 돈과 식량을 얻기도 했습니다. 이 비참한 굶주림의 시기에 대해 이야기꾼들은 이렇게 묘사합니다.

내다 팔 토르티야 한 조각조차 남지 않았다.
콘도르는 사람 시체에 올라타 살을 파먹었다.
아무도 시신을 묻어주지 않았다.

악사야카틀의 치세

이렇게 고난의 시간을 보낸 메쉬카는 비슷한 재앙이 다시는 일어나지 않도록 점점 더 세력을 넓히며 이웃 도시국가로

한 걸음 더 '1-토끼' 해의 저주

아즈텍인은 52년에 한 번씩 돌아오는 '1-토끼'의 해를 기근과 연관지어 생각했습니다. 심지어 나우아틀어에는 '1-토끼'를 당한다는 표현이 있을 정도였지요. 이는 모종의 재난이 닥쳤다는 의미였습니다. 가장 널리 알려진 '1-토끼'의 해는 서기 1454년에 해당합니다. 여러 문헌에서 1450년대에 시작되어 1454년에 정점을 찍은 기근을 다루고 있습니다. 메쉬카인들에게 이 기근이 너무 크고 충격적이었는지, 이후에 벌어진 안 좋은 사건은 (실제로는 다른 해에 발생했음에도 불구하고) '1-토끼'의 해에 발생했다고 기록되기도 했지요.

2000년대 초, 여러 역사학자들은 이와 관련한 연구를 진행했습니다. 882년에서 1558년 사이에는 '1-토끼'의 해가 13번 돌아옵니다. 그들의 연구에 따르면 멕시코 중부 지역에서 '1-토끼'의 해 바로 전년인 '13-집'의 해에는 나무가 평균 이하로 성장한 경우가 13번 중 10번에 달했다고 합니다. 실제로 '1-토끼'의 해가 가뭄과 연관이 있었던 것이지요. 이런 이유로 아즈텍 사람들이 해당 년도와 기근을 연관지어 생각했던 것으로 보입니다.

'1-토끼'의 해를 표기한 돌 ➤ 스페인 정복 이후 시대의 아즈텍 예술 작품에는 종종 '1-토끼'의 해가 최악의 재난이 일어나는 해로 묘사된다.

부터 공물을 받기 시작했습니다. 그러다 1469년경, 테소소목의 아들 악사야카틀Axayacatl이 왕위에 올랐습니다. 그는 카누를 잘 모는 전사로 알려져 있었지만, 그의 이복형제들은 그가 겁쟁이이며 전쟁터에서 적을 사로잡지 못해 노예 시장에서 포로를 사왔다고 떠벌렸지요. 이는 거짓말일 가능성이 높지만, 한편으론 전사로서 그의 능력이 부족했다는 점을 일면 보여주기도 합니다. 악사야카틀이 틀라토아니의 자리에 오를 수 있었던 이유는 아버지가 이츠코아틀의 후예이고 어머니가 왕가의 직계 후손이기 때문이었습니다. 그는 서로 반목하는 두 혈통을 하나로 묶어주는 존재였지요.

악사야카틀에게는 테노츠티틀란의 부와 명예를 드높여야 할 어려운 과업이 주어졌습니다. 그는 백성을 이끌고 전투에 나가 세력을 넓히고자 애썼고, 그 과정에 부상을 입기도 했습니다. 다른 알테페틀의 연대기를 보면 악사야카틀의 통치기에 조공을 바쳤다는 내용이 담겨 있습니다.

악사야카틀은 재임 직후에 두 가지 상황을 타계해야 했습니다. 첫 번째는 찰카와의 전쟁이었습니다. 그가 왕위에 오를 당시, 메쉬카는 찰카를 상대로 전쟁을 일으켰습니다. 기근의 여파 속에서 상대를 복종시키고 공물을 받기 위해서였지요. 메쉬카는 찰카에 신전 확장 공사를 할 인력을 요구했습니다. 찰카는 이를 거부했고 곧 전쟁이 발발했습니다. 치열한 전투 끝에 지친 찰카는 휴전과 협상을 요구했으나 메쉬카는 이를 거절했습니다.

　전쟁은 몇 년간 더 지속되었고 점차 메쉬카가 우위를 차지했습니다. 전해지는 이야기에 따르면 메쉬카는 찰코의 가장

아샤야카틀의 통치 ▶ 멘도시 고문시Codex Mendoza에 묘사된 악사야카틀의 통치기 기록이다. 멘도사 고문서에는 악사야카틀과 그의 전사들이 정복한 장소가 묘사되어 있는데, 그중 특히 틀라텔롤코의 모키우이스틀리를 상대로 거둔 승리에 초점을 두었다.

높은 언덕 꼭대기에 올라 그곳에서 그들의 '신'을 쏠 수 있었다고 하지요(달리 말하면 메쉬카가 찰카의 신전에 불을 질렀다고 이해할 수도 있습니다). 이는 완전한 패배의 징표나 다름없었습니다. 메쉬카는 찰카의 공주를 테노츠티틀란으로 데려가 틀라토아니의 부인으로 삼았습니다. 그녀의 아들은 테노츠티틀란에서 자란 뒤 먼 훗날 찰코로 돌아와 통치자가 될 운명이었습니다. 찰코 사람들에게는 몹시 굴욕적인 상황이었지요.

테노츠티틀란과 틀라텔롤코의 전쟁

비슷한 시기, 틀라텔롤코는 테노츠티틀란의 메쉬카에 대한 반감을 키워가고 있었습니다. 틀라텔롤코는 테노츠티틀란 북쪽에 있는 도시국가로, 크고 화려한 시장으로 유명했습니다. 틀라텔롤코의 나우아족과 테노츠티틀란의 메쉬카는 서로 혈연으로 얽혀 있었습니다. 그들은 수십 년간 서로 평화롭게 공존했고 테노츠티틀란이 대부분의 결정권을 갖되 틀라텔롤코의 이익을 고려하는 방식을 유지했지요.

그러던 1460년대 말, 40여 년간 틀라텔롤코를 통치하던 틀라토아니가 세상을 떠났습니다. 그는 테파네카 전쟁의 여파 이후 정치적 협정에서 꽤 큰 역할을 했지요. 그러나 그의 후계자인 모키우이스틀리Moquihuixtli는 넓은 혜안을 가진 이가 아니었습니다. 그는 전쟁을 막을 생각보다는 공물에서 더 많은 몫을 차지하는 데에 혈안이 되어 있었지요.

모쿠이스틀리는 전쟁을 계획했습니다. 그는 여러 알테페틀에 곧 전쟁이 벌어지면 메쉬카의 테노츠티틀란이 아닌 틀라텔롤코를 지원해달라고 당부했습니다. 그렇게 하면 메쉬카에게 바치던 공물을 줄이거나 심지어 면해주겠다고까지 말이지요. 그러나 많은 알테페틀이 이를 거절했습니다. 한 이야기에 따르면 어느 알테페틀은 모쿠이스틀리와 협상을 하고 싶지 않아서 그의 사절을 그대로 테노츠티틀란의 악사야카틀에게 보냈다고도 합니다. 심지어 악사야카틀이 그 사절을 그대로 처형하고 그들의 고기를 모쿠이스틀리에게 대접했다는 (아마 사실이 아닐) 설화도 있지요. 어쨌든 모쿠이스틀리는 테노츠티틀란을 상대로 전쟁을 벌이기 위해 다른 알테페틀과 긴밀히 소통하고 다니며 그 과정에서 거절을 당하기도, 뜻을 모아 동맹을 맺기도 했었습니다.

이후 이야기는 모쿠이스틀리의 혼인 관계에 초점을 맞추어 정치적인 갈등에 대해 설명합니다. 모쿠이스틀리는 어떤 동맹을 중시하며 누구를 후계로 삼을지 선포하기 위해 가족 관계를 정리하기 시작했습니다. 그는 테노츠티틀란 출신이자 악사야카틀의 누이인 찰치우네네친Chalchiuhnenetzin(옥 인형)이 더 이상 자신의 정실 부인이 아니라고 주장하며 그녀가 매력적이지 않다고 남들 앞에서 큰 모욕을 주었습니다. 심지어 그녀에게 폭력을 휘두르기까지 했지요. 찰치우네네친은 사람을 보내 악사야카틀에게 소식을 전합니다. 처음에 그녀의 전

갈을 무시하던 악사야카틀은 얼마 지나지 않아 그녀에게 고향으로 돌아오라고 서신을 보내지요. 넝마 차림으로 돌아온 찰치우네네친은 악사야카틀에게 모키우이스틀리의 만행을 모두 고했습니다. 그가 다른 알테페틀과 동맹을 맺고 테노츠티틀란을 무너뜨리고자 한다는 사실까지 말이지요.

결과적으로 틀라텔롤코는 테노츠티틀란에게 크게 패했습니다. 때문에 틀라텔롤코 설화에는 이 이야기가 잘 등장하지 않지요. 테노츠카(테노츠티틀란 사람들)는 굉장히 강했고 준비되어 있었습니다. 틀라텔롤코 사람들이 먼저 공격했기에 처음에는 그들이 우위를 차지하는 것처럼 보였지만 곧 전세가 뒤집혔습니다. 테노츠카는 동맹군과 함께 틀라텔롤코 전사들을 호수에 몰아넣었지요. 그들은 심지어 숨어 있는 틀라텔롤코 사람을 찾기 위해 갈대를 헤치며 물속을 탐색했다고 합니다.

틀라텔롤코의 지도자였던 모키우이스틀리는 결국 피라미드 신전의 끝까지 몰려 그곳에서 적에게 항복했습니다. 피라미드에서 떠밀려, 또는 스스로 떨어져 생을 마감했다는 이야기가 있지요. 어찌 되었든 틀라텔롤코는 테노츠티틀란에 힘을 쓸 수 없었습니다. 이후 테노츠티틀란을 지배하는 메쉬카에게 저항할 민족은 없었습니다. 메쉬카는 삼국 동맹을 형성했던 테스코코와 틀라코판과 조화로운 관계를 맺었지만, 다른 알테페틀이나 부족과 협상하는 일은 거의 없었습니다. 당당히 멕시코 분지의 지배자가 된 것이지요.

후기: 유럽인의 침공과 아즈텍 제국의 몰락

유럽인이 도래하기 전 몇십 년간 멕시코 분지에서 메쉬카의 지배를 받지 않은 강력한 알테페틀은 하나뿐이었습니다. 바로 외부의 침략에 맞서기 위해 탄탄한 동맹을 맺은 틀락스칼라였지요. 틀락스칼라는 마틀랄쿠에이틀Matlalcueitl이라는 화산 자락, 멕시코 중앙 고원의 동쪽에 위치해 있었습니다. 틀락스칼라 사람들은 메쉬카보다 먼저 테스코코 호수 인근에 도착해 정착했지만, 그들에게도 여전히 유목민 특유의 거친 성질과 기세가 남아 있었습니다.

틀락스칼라 인근 마틀랄쿠에이틀 화산 ➤ 멕시코 분지의 비옥한 지역 푸에블라-틀락스칼라 골짜기는 한때는 마틀랄쿠에이틀, 오늘날에는 라 말린체La Malinche라고 불리는 휴화산 인근에 자리한다.

그러던 1510년, 메쉬카는 틀락스칼라의 동맹 중 한 종족인 우에쇼친카를 자신의 편으로 끌어오는 데 성공했습니다. 메쉬카는 우에쇼친카에게 무기를 주고 틀락스칼라에 맞서 전쟁을 일으키면 크게 보답하겠다고 약속했습니다. 그러나 우에쇼친카는 틀락스칼라를 이길 수 없었습니다. 크게 패하고 도망친 우에쇼친카는 테노츠티틀란으로 향해 쉴 자리를 구걸했습니다. 그들은 자신들의 귀족 여성을 몬테수마 2세에게 부인으로 바치고 테노츠티틀란에 정착하고자 했지요. 그러나 왕은 그녀를 정실 부인이 아닌 첩으로 삼아 모욕했습니다. 우에쇼친카의 패배에 결국 메쉬카(이 시점에는 테노츠티틀란과 틀라텔롤코 사람을 모두 포함합니다)는 직접 전쟁을 벌이고 야밤에 틀락스칼라를 급습했습니다.

당시 테노츠티틀란의 틀라토아니였던 몬테수마 2세는 틀락스칼라를 빠르게 포위하고 공격했습니다. 그들이 틀락스칼라를 공격한 순간에는 아무도 이를 인지하지 못했습니다. 심지어 틀락스칼라의 왕은 토스콕Tozcoc에서 사람들이 공놀이 하는 것을 관전하고 있었지요. 틀락스칼라는 메쉬카의 침공을 막아 냈습니다. 그러나 저녁이 되자 공격은 거세졌고 틀락스칼라도 적지 않은 피해를 입었지요.

수많은 귀족이 목숨을 잃었으나 완전히 함락되지는 않았습니다. 틀락스칼라는 그로부터 몇 년 후에 스페인 정복자들이 멕시코 중부에 상륙할 때까지 테노츠티틀란으로부터 독립적인 도시국가를 유지했습니다. 그들은 스페인 정복자와 동맹을 맺고 메쉬카의 도시국가 연합체, 즉 아즈텍 제국을 무너뜨리는 데 성공하지요.

메쉬카의 숫자 체계

비록 틀락스칼라를 점령하지는 못했지만 세력을 크게 넓히고 전성기를 맞이한 메쉬카는 스페인 정복자들이 도착하기 전까지 멕시코 중앙 고원에서 널리 영향력을 행사하며 스스로의 용맹함에 대한 이야기를 퍼뜨렸습니다. 한 예시로, 1487년에 있었던 우이칠로포츠틀리 신전 개막식을 묘사한 그림문자 사료를 보면 메쉬카는 '무한'을 표현하기 위해 상징적인 숫자를 사용했습니다. 그들의 숫자 체제는 요즘 개념으로 따지면 '20진법'이었습니다.

메쉬카는 20을 '판틀리Pantli'라고 부르며 깃발 그림으로 표현했습니다. 20의 20묶음인 400은 '센촌틀리Centzontli'로, 털 그림으로 표현했지요. 이는 머리 하나에 난 머리카락처럼 많아서 셀 수 없다는 뜻이었습니다. 400의 20묶음인 8000은 '시쿠이필리Xiquipilli'라고 부르며 귀중품이 담긴 큰 자루로 묘사했습니다. 아즈텍 문명에서 8,000은 가장 큰 단위였습니다.

화려한 제사 의식을 위해 메쉬카는 정복한 알테페틀 여러 곳에서 2~3시쿠이필리, 즉 2만여 명에 가까운 희생 제물을 요구했습니다. 이런 식으로 메쉬카가 한 번에 희생 제물을 8만 명까지 모았다는 이야기도 있지만, 이는 과장된 내용일 확률이 높습니다. 한 번에 그렇게 많은 제물을 바치는 것은 불가능하지요. 도시의 인구를 웃도는 수의 많은 포로들이 순순히 희생되지도 않았을 것입니다. 역사 기록은 그보다 훨씬 적은 수의 사람들이 희생 제물이 되었다고 밝히고 있습니다(이와 관련해서는 5부에서 자세히 살펴보겠습니다).

과거의 고난과 역경을 딛고 일어선 메쉬카의 훌륭한 협상력과 전투력은 세력을 유지하고 제국의 안정을 꾀하는 데 도움이 되었습니다. 신을 기리며 인신 공양을 한다는 이야기도 널리 퍼져 주변국을 두려움에 떨게 했지요. 그러나 이로 인해 아즈텍 제국은 야만적이고 파괴적인 문명이라는 오명을 쓰게 되었습니다. 그들이 남긴 그림문자의 숫자 기호들 때문에 후대 사람들은 많은 사람이 희생 제물로 바쳐졌다고 생각하지만, 여기에는 분명 과장된 부분이 있습니다. 아즈텍인들이 스스로의 이야기를 극적으로 표현하고자 한 방식이 오히려 역효과를 불러일으킨 것이지요.

아즈텍 제국의 숫자 단위 ➤ 아즈텍 사람들은 20, 400, 8000이라는 숫자를 중요하게 생각하며 각각 '판틀리', '센촌틀리', '시쿠이필리'라고 불렀다.

공물의 양을 기록한 그림문자 ➤ 위 그림은 멘도자 고문서 속, 아즈텍 제국이 거두어들인 공물의 양을 기록한 그림문자다. 깃발 10개가 있는 것으로 보아 코코넛 200개를, 털 모양이 있는 것으로 보아 직물 400장을, 그리고 자루 이미지가 3개 있는 것으로 보아 깃털 2만 4,000장을 받은 것으로 보인다.

메쉬카의 왕 아우이소틀Ahuizotl이
강줄기를 메쉬카의 땅으로 돌려 달라고 했을 때,
현자 초초마친Tzotzomatzin은 마음이 내키지 않았다.
그 강물은 위대한 마법사 쿠에쿠에시Cuecuex가
마법을 걸어둔 물이었기 때문이다.

초초마친이 싫은 내색을 비추자 아우이소틀은
우이칠라친Huizilatzin을 불렀다.
그가 도착하자 강을 테노츠티틀란으로 돌리고 싶지만
초초마친이 강줄기를 다른 방향으로 돌리면
큰일이 일어날 것이라고 경고한 것을 털어놓았다.

우이칠라친은 아우이소틀의 편을 들며
물을 테노츠티틀란으로 끌어들이라고 했다.
아우이소틀은 부하를 시켜 초초마친을 암살하고 물길을 돌렸다.

그러나 강의 수위가 높아지자
도시에 물이 차오르고 사람들은 달아났다.
아우이소틀은 화가 나서 우이칠라친도 암살하라고 명령했다.

- 치말파인 고문서 中

5부

신으로부터
계시를 받은 이들

9장
영적 믿음을 지녔던 아즈텍 사람들
신의 뜻을 받들고 때로는 맞서 싸우다

　메쉬카가 멕시코 중앙 고원에서 터를 잡고 세력을 넓혀 만든 연합체 아즈텍 제국은 백여 년간 지속되었습니다. 앞에서는 메쉬카라는 용어와 아즈텍이라는 표현을 뒤섞어 사용했지만, 아즈텍 제국의 전반적인 역사를 살펴본 지금부터는 '메쉬카'보다 '아즈텍 제국'이라는 표현을 본격적으로 사용하도록 하겠습니다.

　아즈텍 제국에 속하는 한 알테페틀 코요아칸Coyoacan의 지도자이자 지혜로운 현자, 틀라마티니 초초마친Tzotzomatzin은 다양한 상황에 적절히 대처하며 사람들이 평화롭게 살게 했습니다. 그는 자신의 백성들이 사는 땅에서 테노츠티틀란으로 아쿠에쿠에사틀 강Acuecuexatl의 물길을 돌리기를 원하지 않았습니다. 물이 부족해지면 곧 사람들의 삶도 어려워질 것이기 때문이었지요. 그는 강을 수호하는 쿠에쿠에시Cuecuex를 향한 깊은 믿음과 존경심을 품고 있었습니다. 초초마친은 현실적이면서도 독실한 인물이었지요.

그러나 우이칠리우이틀의 자손인 우이칠라친Huitzilatzin은 초초마친의 경고를 무시하고 메쉬카의 지도자인 아우이소틀Ahuizotl로 하여금 초초마친을 목 졸라 암살한 뒤 강의 물줄기를 테노츠티틀란으로 돌리게 합니다. 그러자 쿠에쿠에시의 복수 때문인지 수위가 급격하게 높아지고 홍수가 일어났지요. 사람들이 달아나자 화가 난 아우이소틀은 우이칠라친도 같은 방식으로 암살하라고 명합니다. 강 하나 때문에 두 지도자가 죽음을 맞이한 것이지요.

이 이야기에서 우리는 아즈텍 사람들이 독실하기보다는 현

아쿠에쿠에사틀 강 ▶ 아즈텍 설화 속 코요아칸의 샘에서 테노츠티틀란으로 돌려진 물길을 그린 그림으로, 원주민 화가의 작품이다.

실적이고 어느 정도 냉소적인 면모도 지니고 있었음을 알 수 있습니다. 초초마친은 마법사의 전설을 이용해 물을 지키려 했습니다. 우이칠라친은 메쉬카 왕에게 아첨하고 그의 뜻을 지지하고자 전설을 무시했지요. 그러나 이 이야기의 결말에서는 신의 뜻이 이루어집니다. 자신의 뜻을 고집하던 두 지도자는 영력 있는 강으로 인해 죽음을 맞이했지요.

어느 문화권이나 비슷하겠지만, 아즈텍 사람들은 종종 살면서 신앙에 얽매인 자기 자신을 마주하곤 했습니다. 이들은 삶을 개척하며 자신의 목적을 찾고 원하는 방향으로 나아가고자 하는 인간적인 욕망과, 죽고 사는 것은 신의 뜻에 달려 있다는 종교적 믿음 사이에서 갈등했지요. 경외와 경의를 느끼는 한편 신 앞에서 스스로 한없이 작아 나약한 존재라고 생각했습니다. 그런 애환의 감정을 노랫말에 담아 흥얼거리고 읊조리기도 했지요.

"신은 언제나 인간 위에 군림한다네.
그들 앞에서 우리는 한없이 작은 존재일 뿐이지.
신은 우리를 비웃고, 죽이고, 파괴한다네."

그러나 아즈텍 사람들은 할 수 있는 것이 없다고 무력하게 물러나지 않았습니다. 오래 계속된 갈등과 전투를 겪으며 심지가 굳은 그들은 무엇과도 맞서 싸울 준비가 되어 있었고, 결코 굴하거나 포기하지 않았습니다. 어려운 상황을 주어진 운명이나 풀어 나가야 할 과업으로 받아들이고, 피할 수 없는 상황 속에서 어떻게든 극복하고자 했습니다.

신성한 힘을 믿었던 아즈텍인

아즈텍 사람들은 신의 뜻을 알고 전달하는 데 평생을 바쳐온 제사장, 사제, 제관 등에게 의지했습니다. 16세기 초, 아즈텍 제국을 침공해 전쟁을 치르고 정복한 스페인 사람들은 현지인들의 말을 듣고 그들의 신앙과 종교에 대해 연구하고 기록을 남겼습니다. 종종 모순된 기록으로 인해 후대 학자들의 연구는 자가당착에 빠지기도 하지만, 그래도 몇 가지 확실한 개념은 있었지요.

나우아틀어에는 영적으로 강력한 사람을 가리키는 단어가 존재했습니다. 우주의 영험한 힘과 조화를 이루고, 그 섭리를 통해 세상을 읽으며, 심지어 때로는 스스로의 모습을 바꾸는 '나우알리Nahualli(마법사)'라는 존재가 있지요. 독실하고 현명한 사람이라면 누구에게나 나우알리가 될 수 있었습니다. 쉽게 말해 나우알리는 어떤 신분이나 자격이 아니라 개인이 지닌 성격이나 특징과 비슷했지요.

'틀라마티니Tlamatini'도 비슷합니다. 틀라마티니는 종종 서구 학계에서 여러 미덕을 지닌 '현인' 또는 '성자'와 동의어로 묘사됩니다. 그러나 나우아틀어 원전을 연구해보면 틀라마티니는 단순한 철학자나 종교인을 뛰어넘어 온갖 전문가를 두루 가리키는 말이었습니다. 별을 통해 미래를 잘 점치는 사람, 즉 점성술사도 때때로 틀라마티니라고 불렸다고 합니다.

> **한 걸음 더 아즈텍 문화만의 독특한 개념**
>
> 틀라마티니Tlamatini란 나우아틀어로 '지식을 갖춘 자'라는 뜻입니다. 앞에서 언급한 초초마친이 바로 틀라마티니였지요. 아즈텍 사람들은 틀라마티니를 다양한 의미로 사용했습니다. 그러나 서양 학계에서는 오랜 시간 틀라마티니를 '글을 통해 사람들에게 도덕적 잣대와 모범을 보였던 현인 또는 철학자'라는 고정된 이미지로 생각했습니다.
>
> 스페인이 멕시코를 정복한 뒤 종교를 전파하러 온 프란치스코회 수도사 베르나르디노 데 사아군이 아즈텍의 역사와 문화를 다룬 피렌체 고문서를 작성하며 틀라마티니라는 개념이 알려졌지요. 그는 자신이 편협한 외지인의 시각에서 이 개념을 전달하는 우를 범했다는 사실을 알고 있었지만 달리 방법이 없었습니다. 그래도 그는 아즈텍 문화를 기록하는 것을 평생의 과업으로 삼았고, 원주민의 노래와 이야기, 기도 등을 수집하고 그 안에 담긴 복잡한 철학과 세계관, 감정의 깊이를 존중했습니다. 아즈텍 문화를 고대 그리스 걸작에 비견하기도 했지요.
>
> 1950년대에는 멕시코 인류학자 미겔 레온 포르티야Miguel Leon-

Portilla가 동시대인들의 편견에 맞서 싸웠습니다. 그는 아즈텍 제국이 세운 놀라운 업적에 집중했고, 아즈텍인의 사상과 철학을 이해하고자 애썼습니다. 그들이 높은 수준의 문화를 이룩했다는 점을 증명하고 세상에 널리 알리는 데 힘썼지요. 1960년대 이후 아즈텍 문화에 대한 세상의 관심이 높아졌고 아즈텍 문화의 중요한 개념 틀라마티니도 정확히 알려지기 시작했습니다. 틀라마니티는 소크라테스나 가톨릭교 수도사와는 다른, 아즈텍만의 독특한 현인을 뜻합니다.

나우알리와 틀라마티니 외에도 아즈텍에는 신과 소통해 인간 세계에 그 뜻을 구체적으로 전해주는 직업이 셋 있었습니다. 첫째는 몸의 병을 치유해주는 의사 티시틀Ticitl, 둘째는 중요한 의식이나 행사를 앞두고 길일을 택하는 점쟁이 토날포우키Tonalpouhqui, 마지막은 신전에서 불이 꺼지지 않도록 돌보며 제의를 거행하던 제관 틀라마카스키Tlamacazqui였지요. 이들은 신성한 직업으로 여겨졌고, 남녀노소 또는 신분 가리지 않고 누구나 이런 일들을 할 수 있었습니다. 세 직업에 대해 자세히 알아봅시다.

생명의 탄생을 돕는 의사, 티시틀

먼저 티시틀은 보통 여성이었고, 대개의 경우 아이 낳는 일을 돕는 '산파'를 뜻했습니다. 아즈텍 문명에서 다수의 환자는 아이를 낳는 산모였지요. 산파는 대부분 여성이었지만 티시틀은 남성과 여성 모두에게 동등하게 쓸 수 있는 표현이었습니다. 옛 문헌을 보면 티시틀이 뜨겁게 데워진 테마스칼리Temazcalli(한증막)에서 산모의 배를 문질러 아이의 위치를 제대로 잡아주었다는 내용이 나옵니다.

"내 딸, 여전사여, 힘을 내어라!
너의 어머니가 된 이들이 여기에 있다!
작은 방패를 움켜쥐어라!"

티시틀은 산모의 출산을 도우며 위와 같이 외쳤지요. 티시틀은 단순히 아이가 산도를 타고 빠져나오는 것을 도울 뿐만 아니라 세상에 새로운 영혼을 무사히 데려오는 중요한 역할을 수행했습니다. 출산 의식은 케찰코아틀과 킬라스틀리에게 바치는 기도에서 시작되어 태어난 아이를 씻기는 동안 물의 여신 찰치우틀리쿠에에게 바치는 기도로 끝나곤 했지요.

티시틀은 출산뿐만 아니라 다른 건강 문제에도 관여했습니다. 피렌체 고문서에 따르면 스페인 사람들은 의학적 지식을 바탕으로 약초를 건네는 유럽식 의사는 좋은 의사, 돌이나 마법, 주술에 의지해 치료하려는 아즈텍 의사는 나쁜 의사라고 묘사했습니다. 그러나 아즈텍 세계에서는 의학 지식을 바탕으로 약초를 찾아다니는 사람이나, 주술로 나쁜 기운을 쫓고 사람들의 몸을 치료하는 사람은 모두 같았지요. 아즈텍 의사는 환자의 치료법을 결정하기 위해 돌로 점을 쳤을 지도 모르겠습니다.

아즈텍 제국의 의사, 티시틀 ▶ 피렌체 고문서에 담긴 그림으로, 아즈텍 제국의 의사인 '티시틀'이 산모의 출산을 돕고 있다. 아즈텍 사람들은 아이를 낳는 일이 세상에 새로운 영혼을 불러오는 신성한 일이라고 믿었고, 산모를 전장에서 전투를 치르는 전사로 여겼다.

한걸음더 : 새로운 생명의 탄생을 기리는 법

아즈텍 제국에서 아이의 탄생은 몹시 기쁜 일이었습니다. 피렌체 고문서에는 티시틀이 출산 때 했던 의식과 읊은 기도문이 자세히 기록되어 있지요.

아이가 태어날 때 산파는 크게 함성을 질렀습니다. 산모가 전투를 잘 치러내 용감한 전사가 되었고 우주로부터 아이를 잘 붙들어 지상으로 데려온 것을 치하하는 의미였습니다. 그럼 다음에는 아이에게 이렇게 말했지요.

"힘겹게 이 세상에 도착한 이여, 환영한다. 나의 이런 이, 귀중한 존재여, 이제 도착했으니 쉬고 평안을 찾아라. 너를 사랑하고 기다리던 할아버지와 할머니가 모여 있다. 그들의 손에 도달했다. 이곳은 신의 땅이다. 네 앞에는 때때로 고난과 역경, 고통과 불행도 펼쳐질지 모른다. 앞으로 땀 흘려 일하며 삶을 꾸려가야 한다. 그러나 그 끝에는 사람들과 먹고 마시는 시간과 행복도 따를 것이다. 새 생명이여, 환영한다!"

기도가 끝나면 티시틀은 산모와 태아를 연결하는 탯줄을 잘라 가져갔습니다. 탯줄은 잘 말려서 남자아이의 경우 전쟁터 인근에, 여자아이의 경우 집 근처에 묻었지요. 태반도 귀하게 여겨 집 한쪽 구석에 묻었습니다.

길일을 잡아주는 점쟁이 토날포우키

길일을 잡는 토날포우키도 아즈텍 사회에서 중요한 역할을 했습니다. 이들은 그림문자로 작성된 제의용 달력 토날포우알리를 맡아 보관하고 해석했지요. 2부에서 살펴본 것처럼 토날포우알리는 1년이 260일로, 날짜마다 특징이 있습니다. 토날포우키의 가장 중요한 역할은 아이가 태어난 날짜로 운명을 점치는 것이었습니다. 또한 이들은 젊은 남녀가 혼인을 하거나, 전사들이 정복 전쟁을 떠나거나, 상인들이 먼 곳으로 교역을 하러 떠날 때 예언을 했습니다. 토날포우키의 말은 사람들에게 큰 위안과 동시에 용기를 주었습니다. 일례로, 그는 상인들이 떠나는 날 이렇게 축복의 기도를 해주었지요.

"내 아들아, 너에게 조언을 주마.
내가 너의 아버지이자 어머니로서
보호하고 위로할 것이니 걱정 말거라.
몸을 일으켜 고향 알테페틀을 떠나는 것은
힘들고 어려운 일이다.
친지를 뒤로하고, 안락한 집과 어린 시절을 두고 가야 한다.
그러나 너의 선조 또한 그 길을 갔으니 힘을 내어라.
네 조상의 눈물과 호의가
너에게 큰 보상과 보답을 건넬 것이다."

신을 모시고 신전을 돌보는 틀라마카스키

제관을 가리키는 단어 틀라마카스키는 직역하면 '물건을 주는 자'라는 뜻입니다. 틀라마카스키는 피라미드 신전에서 거주하며 신을 모셨습니다. 이들은 해가 뜨기 전에 일찍 일어나 빗자루로 바닥을 쓸고 제단에 필요한 물건을 가져왔습니다. 낮에는 땔감으로 쓸 나무를 준비하고, 건물을 보수할 벽돌을 만들고, 신전에서 쓸 작물을 기르고, 주변 물길을 파는 등 필요한 일을 했지요.

저녁에는 용설란 가시로 자신의 몸에서 피를 내는 자기희생의 신성한 의식을 거행했습니다. 해가 지고 거의 빛이 들지 않는 저녁이 되면 틀라마카스키들은 한 명씩 몸을 씻고 조개껍데기로 만든 나팔, 향 국자, 향낭을 들고 횃불을 밝혔습니다.

이들은 숲, 메마른 평원, 늪지 등 곳곳에서 용설란 가시를 가져와 스스로의 몸에 상처를 내고 피를 흘렸지요. 때로는 그 가시를 찾기 위해 먼 여정을 떠나기도 했습니다. 의식 도중에 조가비 나팔을 불기도 했습니다.

정복 이후 스페인 정복자와 수도사들이 원주민에게 물어 남긴 기록을 보면, 사람들은 틀라마카스키를 존경하면서도 속마음 깊은 곳에는 그와 반대되는 이중적인 감정을 가지고 있었던 것 같습니다. 신의 뜻을 전하는 자들이므로 경외하는 한편 의심하거나 원망하기도 했겠지요.

틀라마카스키는 제의를 관리할 뿐만 아니라 아즈텍 귀족 교육 기관인 '칼메각Calmecac'에서 어린 아이들을 가르치는 역할도 했습니다. 칼메각의 훈육은 꽤나 엄했던 것으로 보입니다. 행실을 바르게 하지 못한 아이는 물에 빠지는 형벌을 받았다는 기록도 있었지요. 어떤 가문에서는 아이에게 큰 형벌을 내리지 말라고 간청하며 틀라마카스키에게 카카오나 칠면조 고기 등의 귀한 공물을 바치기도 했다고 합니다.

아즈텍 신전과 틀라마카스키의 의식 ➤ 보르자 고문서에는 아즈텍 제국의 제관 틀라마카스키가 어떤 의식을 치렀는지에 대한 기록이 남아 있다. 왼쪽 페이지 위 그림은 아즈텍 제국의 신전 모습을, 아래 그림은 부싯돌칼을 사용한 복잡한 의식을 묘사하고 있다.

10장
신의 뜻을 피하거나 받들기 위한 의식
행운을 부르고 불운을 피하려는 노력

아즈텍 제국에서는 통치자인 틀라토아니가 제관인 틀라마카스키와 종종 의견을 주고받으며 논쟁을 벌였습니다. 틀라토아니는 틀라마카스키 등 제관이 내린 결론에 반대하고, 때로는 토론을 거쳐 제의 절차와 방식을 직접 정하기도 했지요. 틀라토아니는 때로는 운명에 순응하는 사람처럼, 때로는 운명을 거스를 수 있다고 믿는 사람처럼 행동했습니다. 스스로 신의 뜻을 모시는 틀라마카스키가 되기 위해 전통을 존중하는 법을 배운 틀라토아니도 있었고, 제관과 큰 싸움을 벌이고 심지어 살해한 뒤 부족을 떠나버린 틀라토아니도 있었지요.

아즈텍 역사 속, 틀라마카스키와 틀라토아니 사이에 벌어진 여러 이야기는 다양한 함의를 품고 있습니다. 앞서 살펴본 코쉬코쉬틀리와 이스탁토토틀의 이야기를 기억하나요? 코쉬코쉬틀리는 어른이 되어 찾아온 손자 이스탁토토틀을 반갑게 맞이하며 왕위를 물려주겠다고 했지만 예언 능력을 가지고 있던 손자는 쿨우아칸이 곧 무너질 것을 예언하고, 실제로 그런 일이 일어나면 쿨우아를 자신의 고향인 쿠아우티틀란에 받아주겠다고까지 이야기했습니다.

코쉬코쉬틀리는 손주가 전달한 신의 뜻을 곧이곧대로 받아들이지 않았습니다. 오히려 분노에 차 그의 예언을 거부하고, 쿨우아칸이 어떻게 망할 것인지 자세히 묘사해보라고 했지요. 이스탁토토틀은 작은 사건들이 모여 알테페틀을 무너뜨리고 사람들이 뿔뿔이 흩어질 것이라고 예언했지만 코쉬코쉬틀리는 그 말에 동의하지 않았습니다. 이 고집 센 지도자의 이야기는 신의 뜻을 거부하고 스스로의 삶을 개척하고자 했던 독립적인 인물의 모습을 잘 보여주지요.

때로는 틀라토아니와 틀라마카스키 사이에 어마어마하게 큰 갈등이 빚어지고는 했습니다. 한 설화에 따르면 몬테수마 2세와 촘판틀리Tzompantli(인신 공양에 바쳐진 희생자들의 두개골을 걸어놓은 구조물)를 지키는 틀라마카스키 사이에 큰 논쟁이 있었습니다. 몬테수마 2세가 주변의 모든 알테페틀에서 공물을 걷어 금으로 우이칠로포츠틀리를 기리는 신전을 짓고 내부를 옥과 케찰새의 깃털로 장식하겠다고 주장하자, 촘판틀리를 지키던 사제는 그렇게 사치를 해서는 안 된다고 반대했지요. 그는 우이칠로포츠틀리는 영원히 그들의 신이 아니며, 만물의 창조주이자 소유자인 다른 신이 올 것이라고 반박했습니다. 그러자 몬테수마 2세는 크게 분노해 그를 비롯해 자식들까지 죽이라는 명을 내렸습니다.

이 이야기에서는 틀라토아니가 최종 결정권을 가지고 있었지만, 역사적 사실에 따르면 신의 뜻을 모시던 틀라마카스키가 결국 옳았습니다. 이야기꾼이 이 이야기를 전할 즈음에 우이칠로포츠틀리는 이미 메쉬카가 모시는 주신主神이 아니었기 때문입니다(이 이야기는 스페인의 아즈텍 정복 이후에 기록된 문서에 남아 있습니다. 그때 멕시코 사람들은 이미 유럽에서 넘어온 가톨릭교를 어느 정도 받아들이고 있었지요).

아이의 목욕 의식을 위한 길일 잡기

아즈텍 사람들은 신의 뜻을 모시고 받들었지만 때로는 갖은 시간과 노력을 들여 피하고자 했습니다. 토날포우키의 주된 역할도 바로 사람들이 고통스러운 운명이나 고난을 피하고 평탄한 삶을 유지할 수 있도록 돕는 것이었지요. 아즈텍 제국에서는 신생아가 태어나면 나흘 뒤 목욕을 시키고 그 날을 명명일로 정하는 의식을 치렀습니다. 그러나 아기가 태어난 날과 그로부터 나흘 뒤가 불길한 운을 가진 날이라면, 토날포우키는 목욕 의식을 위한 길일을 훨씬 뒷날로 다시 잡았습니다. 새로운 생명에게 신의 가호가 있길 바라는 마음을 담아서 말이지요. 때로 아이의 가족들은 좋은 날을 잡아 달라고 토날포우키에게 칠면조 고기 등 큰 대가와 보상을 건네기도 했습니다.

토날포우키는 '1-집'의 날에 여자아이가 태어나면 삶이 고될 것이라고 예측했습니다. 심지어 노예로 팔려가 희생 제물이 될 수도 있다고 여겼지요. 그런 날에 아이를 씻길 수는 없었습니다. 사흘 뒤인 '4-죽음'의 날도 역시 불길한 날이었지요. 토날포우키는 그로부터 날짜를 하루 당겨, 길일인 '3-뱀'의 날을 아이의 명명일로 정해 아이를 씻겼습니다. 아즈텍 문명에서 3은 신성한 힘을 가진 숫자로 여겨졌기 때문입니다. 가족들이 더 천천히 아이의 목욕 의식을 진행하길 원하면 '7-물'의 날을 길일로 잡을 수도 있었지요.

불운을 불러오는 나쁜 징조들

아즈텍인들은 중요한 종교 의식뿐만 아니라 일상 속에서도 신에 둘러싸여 있다고 생각하며 늘 주의를 기울였습니다. 스페인 탐험대가 와서 유럽의 종교를 퍼뜨리고 아즈텍의 후손들이 점차 가톨릭교로 개종하던 16세기 말, 멕시코시티 동쪽의 푸에블라-틀락스칼라 골짜기의 누군가는 과거에 끔찍한 유행

병이 돌기 전 하늘에 등장했던 뱀 모양 구름이 다시 나타난 것을 보았습니다. 구름 뱀인 믹스코아틀이 등장했다는 것은 나쁜 징조였지요. 그들은 우주적인 존재가 보내는 계시를 늘 주의 깊게 살폈습니다.

또한 아즈텍 사람들은 스컹크가 주택가에 나타나 독한 냄새를 풍기는 일은 재앙을 불러오는 부정적인 징조로 여겼습니다. 이런 일이 일어나면 아무도 스컹크를 쫓거나 자극하지 않고, 스스로 돌아가게 두었지요. 또한 섬뜩한 울음소리를 내는 흰올빼미는 흉조로 여겼습니다. 특히 이동하던 이들은 흰올빼미 소리가 들리면 높은 나무 아래에 모여 모두의 지팡이를 한데 묶고, 행상인의 수호신 야카테쿠틀리Yacatecuhtli에게 보호해 달라고 기도했지요. 비록 간단한 의식일지라도 함께 모여 행하고 나면 두려움을 극복할 수 있었습니다.

아즈텍인들은 종종 밤에는 아이를 낳다가 죽은 여인의 영 시우아피필틴Cihuapipiltin이 지상 세계를 돌아다닌다고 여겼습니다. 그런 날이면 밖에 나가지 않고 집에 있는 것이 최선이었지요. 임산부가 꼭 외출해야 할 일이 있다면 나쁜 영을 피하라는 의미로 가슴에 작은 주머니를 걸어주었습니다. 누군가를 뒤쫓던 나우알리가 마법으로 변장하고 집에 들어오는 것을 막기 위해 물을 채운 그릇에 반짝이는 흑요석 칼을 넣어 두기도 했습니다. 전설에 따르면 물에 비친 자신의 진짜 모습을 본 나우알리는 깨달음을 얻곤 사람을 뒤쫓지 않기 때문이었지요.

한걸음더 중남미 축구의 기원, 메소아메리카의 올라마

아즈텍과 마야 문명을 포함한 메소아메리카 전역에서 사람들은 오늘날의 축구와 비슷한 형태의 공놀이를 즐겼습니다. 그들은 고무나무 수액으로 공을 만들었습니다. 고무는 동사 '올리니Olini'(움직이다)에서 따와 '올린Olin'이라고 불렸지요. 이들은 살짝만 튕겨도 하늘로 통통 솟구치는 공을 매우 좋아하며, 고무공으로 하는 경기는 '올라마Ollama'라고 불렸습니다.

지역마다 규칙은 조금 달랐지만, 양쪽 끝에 돌로 만든 고리가 있는 길쭉한 경기장에서 고무 공을 두고 서로 튕기는 방식은 동일했습니다. 두세 명으로 이루어진 팀이 손을 쓰지 않고 상대 팀 고리에 공을 넣으면 승리하는 방식이었지요. 이 과정에 윗팔, 허벅지, 허리, 엉덩이 등을 사용할 수 있었습니다.

학자마다 이런 공놀이를 한 이유를 다르게 분석하고 설명하지만 경기에 신성한 함의가 있었다는 데에는 대체로 동의합니다. 어떤 학자들은 공이 하늘에서 움직이는 천체를 가리켰다고 생각합니다. 다른 학자들은 둥근 공이 인간의 머리, 즉 두개골과 연관이 있다고 여기지요.

메소아메리카의 올라마 경기는 보통 제관의 기도로 시작되었습니다. 패배한 팀 전체 또는 그 팀의 구성원 중 하나가 신에게 제물로 바쳐지는 경우도 있었지만, 그런 일은 비교적 드물었을 것으로 보입니다. 스페인의 멕시코 정복 이후 아메카메카Amecameca 원주민 저자인 치말파인Chimalpahin은 실제로 경기 결과에 따라 희생 제물이 바쳐졌는지 확인할 사료가 없는 데 대한 깊은 아쉬움을 표하기도 했지요.

다른 사료에 따르면 아즈텍 사람들은 망토와 금, 다른 재물을 두고 경기 결과에 내기를 걸기도 했습니다. 올라마 경기는 귀족과 평민이 함께 어우러져 즐길 수 있는 행사였지요. 경기가 계속되고 누군가가 이기고 지는 일이 반복되면 사람들은 크게 함성을 지르며 즐거워했습니다. 몬테수마 2세는 특히 경기 관람을 즐겼고, 테노츠티틀란을 방문한 스페인 사람들에게도 이 경기를 적극적으로 보여주었다고 합니다.

독일 화가가 남긴 올라마 경기 장면 ▶ 올메카, 아즈텍, 마야 문명에서는 고무로 만들어 신축성이 좋은 공으로 '올라마'라는 경기를 즐겼다. 손을 제외한 엉덩이, 허리, 다리 등으로 공을 튕겨 상대 진영 고리에 여러 번 넣는 팀이 승리했다.

올라마 경기장, 틀라스틀리 ▶ 올라마 시합은 대부분 긴 I자형 경기장에서 펼쳐졌다. 올라마 경기장을 나우아틀어로 틀라츠틀리Tlachtli라고 한다.

11장
아즈텍의 '희생 제의' 바로 알기
아즈텍 사회를 지탱했던 문화에 대한 오해

　신의 뜻을 알고 대비하려는 아즈텍 사람들의 노력은 잔혹한 풍습과 문화로 드러나기도 했습니다. 가장 대표적인 것이 인간을 제물로 바치는 희생 제의였지요. 신에게 감사를 표하기 위해 몇몇 인간의 생명을 바치는 초기 메쉬카 문화는 모두 영적 믿음에서 비롯된 것이었습니다.

　그러나 15세기 말에 이르자 큰 변화가 생겼습니다. 아즈텍 제국 연합체의 영토가 늘어나며 공물을 강제로 바쳐야 하는 사람들의 불만도 늘어난 것이지요. 서로 우호적인 관계를 유지하는 도시국가들도 있었지만, 아즈텍 제국을 싫어하는 종족도 점차 늘었습니다. 메쉬카와 그 동맹체는 분명 강력했지만 그렇다고 다른 도시국가가 동맹을 맺고 쳐들어와도 굳건히 패권 도시국가의 지위를 유지할 만큼 강하지는 못했습니다. 이들의 저항을 진압하기 위해 메쉬카는 '인간 제물'을 끔찍하지만 효과적인 정치적 도구로 이용했습니다.

새로운 영토를 두고 전쟁이 발발하면 그들은 적의 도시국가에서 젊은이 몇 사람을 납치해 '몬테수마 왕의 손님'으로서 테노스티틀란에 머물며 끔찍한 인신 공양 제의를 지켜보게 했습니다. 그리고는 고향으로 돌려보냈지요. 그들이 고향으로 돌아가 메쉬카에게 대항하는 것은 의미가 없으며, 포로로 잡히면 끔찍한 희생 제물이 된다는 소문을 퍼뜨리도록 유도한 것이지요. 즉 아즈텍 제국의 인신 공양 풍습은 신에게 제물을 바치기

전쟁에서 승리한 메쉬카 왕 ▶ 메쉬카에게 인신 공양은 신에게 제물을 바치는 행위일 뿐만 아니라 지배층의 권력을 공고히 하고 이웃 도시국가에 두려움을 심어주기 위한 정치적 수단이기도 했다.

11장. 아즈텍의 '희생 제의' 바로 알기 201

위해서뿐만 아니라 이웃 종족에게 두려움을 심어주기 위한 고도의 책략이기도 했던 것입니다.

희생자의 피로 얼룩진 제의

메쉬카의 인신 공양 제의는 점점 잔혹해졌습니다. 그들은 이제 뒤늦게 멕시코 분지에 도착한 약한 종족이었던 과거와는 달랐지요. 강인한 도시국가를 건립했고, 수많은 포로를 죽일 힘이 있었습니다. 아즈텍 제국은 달력에 따라 축제를 열고 때마다 인간 제물을 바쳤습니다. 아즈텍의 태양력은 1년이 18개월, 한 달은 20일로 총 360일에, 연말에 새로운 해를 준비하는 5일이 따로 있었습니다.

따라서 매달 최소 1명, 그러니까 해마다 최소 18명이 종교 제의에서 희생되었습니다. 매년 첫 달에는 건기를 잘 보내게 해달라고 특히 더 많은 제물을 바쳤지요. 때로는 아직 다 자라지도 않은 어린아이들조차 희생양이 되었습니다. 비쩍 말라 뼈만 남은 아이들이 줄지어 끌려왔다는 기록도 남아 있지요. 두 번째 달에는 수십 명의 포로 전사들이 무시무시한 검투 경기(1460년대 메쉬카의 세력 확장기에 몬테수마 1세가 만들어낸 행사였지요)에서 죽음을 맞이했다고 합니다. 아즈텍 제국의 신전은 수많은 희생자의 피로 물들었지요.

어떤 제의에서는 여성들이 희생되었습니다. 고향에서 멀리 끌려온 이들은 전사들처럼 냉정한 모습을 지키거나, 슬피 눈물을 흘리며 희생양이 되었지요. 때로는 앞으로 벌어질 일을 전혀 모른 채 제물로 바쳐지는 잔인한 일도 있었습니다. 열한 번째 달에는 티시틀이 의식을 치르기 위해 아무것도 모르는 포로를 둘러싸고 여신 또는 혼례를 앞둔 신부처럼 치장했습니다. 이 제의에서는 희생자가 미래를 두려워하며 울거나 슬퍼하지 않는 것이 중요했으므로 티시틀은 인간 제물을 철저히 속였지요. 티시틀은 제물이 될 여인에게 이렇게 말했습니다.

"내 딸이여, 너는 곧 왕의 부인이 될 것이니 기뻐하여라."

여성은 자신이 비참하게 죽을 것이라는 사실은 꿈도 꾸지 못한 채 가만히 앉아 치장을 받고, 한밤중에 신전으로 옮겨졌습니다. 티시틀과 제관들 중 아무도 어떠한 말도 하지 않고 엄숙한 분위기 속에서 그녀를 둘러싸고 있다가, 제단 앞에서 그녀를 붙잡고 움직이지 못하게 한 채 순식간에 목을 베는 방식으로 제의를 치렀지요.

피렌체 고문서에 담긴 제사 의식에 대한 설명은 매우 잔혹해 읽기 힘들 정도입니다. 스페인 정복자들이 아즈텍 제국을 침략한 것을 정당화하기 위해 이런 야만적이고 잔혹한 이야기를 퍼뜨린 것도 무리는 아니지요. 그러나 이는 지극히 좁은 시각에 불과합니다. 기록에는 지도자나 제관이 아닌, 평범한 아즈텍 사람들의 의견이 전혀 담겨 있지 않습니다. 그들은 희생 제의를 보며 어떤 생각을 품었을까요? 그들은 신을 어떤 존재로 생각했을까요? 이 문제를 알아보기 위해 아즈텍 제국의 인신 공양 풍습에 대해 좀 더 깊이 파고들어 봅시다.

희생당한 제물의 수와 규모

과연 아즈텍 제국은 얼마나 많은 인간 제물을 희생했을까요? 이를 알기 위해 실제 유적에서 발굴된 유물을 참고할 수 있습니다. 멕시코 정부는 1970년대에 수도 멕시코시티의 중앙 광장이자 오늘날의 대성당 바로 옆에 있는 아즈텍 대신전, 마요르 신전의 대규모 발굴 및 연구 조사를 실행했습니다. 이후 40여 년간 그들은 신전 전역에서 450구 이상의 두개골을 발견했지요. 이는 스페인 수도사들이 아즈텍 사람들의 이야기를 듣고 기록으로 남긴 수보다는 훨씬 적습니다. 유럽에서 온 탐험가들이 아즈텍 제국의 잔혹성을 과장했다는 것을 알 수 있는 대목이지요. 오래된 기록에 적힌 '우에이 촘판틀리Huey Tzompantli'(거대한 해골걸이) 같은 것은 발견할 수 없었습니다.

그러나 2015년 이후 진행된 추가 발굴 작업에서는 더 많은 수의 두개골이 발굴되었습니다. 거대한 해골 걸이 우에이 촘판틀리도 발견되었지요. 거대한 구조물에 650구 이상의 두개골이 들어 있었지요. 구조물의 전체적인 규모를 보았을 때, 최대 1,000여 구의 두개골이 들어 있었으리라 예측할 수 있습니다. 과거 아즈텍 제국의 패권 도시국가였던 테노츠티틀란 중

마요르 신전 인근에서 발굴된 촘판틀리 유적 ▶ 옛 테노츠티틀란 중앙 신전 터에 남아 있는 아즈텍의 두개골 구조물 '촘판틀리'다. 아즈텍 사람들은 포로를 희생해 제물로 바치고 그들의 두개골을 모아 공개적으로 전시했다.

심에 신전이 두 곳 있었던 점을 고려하면 이 구조물도 두 개였을 수 있는데, 그렇다 하면 두개골의 수는 최대 2,000여 구가량 될 것입니다. 수십 년에 걸친 인신 공양의 희생양이라고 할 때 그리 많은 수는 아닌 것으로 보입니다.

상식적으로 생각해보아도 역사에 기록되었거나 스페인 탐험가들이 퍼뜨린 소문보다 적은 수의 제물을 바쳤을 것임을 알 수 있습니다. 남아 있는 기록이나 유적 등 여러 단서로 추측해보건대, 아즈텍인들에게는 짧은 시간에 수만 명의 사람을 죽여 심장을 꺼내 재단에 바치고 그 시신을 처리할 만한 기술력이 없었습니다.

아즈텍 제국에 관한 어느 역사 연대기에는 의미심장한 내용이 등장합니다. 앞에서 아즈텍 제국의 한 세기는 52년이었다고 언급한 것을 기억하나요? 서기 1507년, 한 세기를 매듭 짓던 바로 그 해에 테노츠티틀란의 몬테수마 2세와 테스코코의 네사우알필리는 각기 20명의 희생 제물을 바쳤습니다. 40명이 희생된 것이지요. 이는 충분히 끔찍한 일이지만 후대에 알려진 것보다는 현저히 적은 수입니다. 간혹 몇천에서 몇만 명의 제물을 바쳤다는 스페인의 기록은 지나치게 과장되고 아즈텍 문명을 악마화하려는 시도였다고 비판적으로 생각해볼 수 있는 대목입니다.

아즈텍 제국에서 살던 일반 시민들이 잔혹한 희생 제의를 어떻게 생각했는지 알아내기란 불가능합니다. 어느 문화권에서나 그렇듯 기록된 문서에는 왕족과 귀족, 부유층과 기득권층의 입장과 관점이 담겨 있지요. 그러나 아즈텍 유적지와 남은 유산을 살펴보면 한 가지는 예측해볼 수 있습니다. 아즈텍 사람들이 제의에서 희생된 이들의 죽음을 애도했다는 점이지요. 그들은 어린아이에게 죽음은 피할 수 없는 것이며 민족을 위해 희생해야 한다고 가르쳤습니다. 메쉬카는 희생을 피할 수 없는 운명으로 여기기도 했지만, 이런 희생에 슬픔을 느끼고 애도하는 면모도 분명 있었습니다.

춤추고 노래하며 축제를 벌였던 사람들

스페인 탐험대와 수도사들은 처음부터 아즈텍 제국이 아주 잔혹하고 무자비한 세상이라고 생각하고 기록을 남긴 것 같습니다. 자극적인 내용을 부각함으로써 자신들의 침략을 정당화했던 부분도 없지 않지요. 그러나 원주민의 관점에서 쓰인 기록을 살펴보면 아즈텍인들도 오늘날 우리와 다름없는 평범한 사람들이었습니다.

아즈텍의 젊은이들도 전 세계 다른 지역의 청년들과 다를 바가 없었습니다. 그들은 즐거운 마음으로 축제를 기다렸습니다. 사람들과 함께 춤을 추고 노래하며 맛있는 음식을 나누어 먹을 생각으로 말이지요. 이들은 꽃이나 새의 깃털로 화려하게 치장하고 타말을 먹었습니다.

열일곱 번째 달에 아이들은 (아즈텍 제국의 태양력은 18개월로 되어 있었지요) '주머니 던지기' 게임을 했습니다. 이들은 말린 식물 섬유로 주머니를 짜서 작은 꽃과 떨어진 잎들, 종이나 천 조각 등으로 채웠지요. 그리고는 길가에 앉아 있다가 지나가는 행인들이나 서로를 향해 주머니를 던졌습니다. 때때로 어른들은 짓궂은 소년들이 주머니에 돌을 넣어 사람들에게 해를 끼치진 않는지 감시해야 했지요.

아즈텍 사람들은 대부분의 축제일에 모닥불을 피우고 조가비 나팔 등 흥을 돋우는 악기로 전통 음악을 연주했습니다. 종종 이국적인 옷을 입고 근사한 장신구도 둘렀지요. 누군가는 축제에 화려한 색색의 새를 데려오기도 했고, 어떤 이들은 살아 있는 뱀이나 개구리를 입에 넣고 그대로 삼키는 묘기를 보여주기도 했습니다.

이런 모든 이야기를 보면 아즈텍인이 우리와 크게 다를 것 없는 평범한 사람처럼 보입니다. 특히 잔인한 희생 제의를 앞두고 이런 흥겨운 축제를 즐겼다는 것은 너무 이상하게 느껴지지 않나요? 곧 눈앞에서 사람이 죽는 모습을 볼 사람들이 신나게 춤을 추고 노래를 부를 수 있었을까요?

아즈텍의 희생 제의에는 언제나 관중이 있었다고 합니다. 그들 관중이 엄숙하게 희생자의 넋을 기리며 예를 갖춘 장엄한 춤을 추었다는 내용도 있습니다. 이런 사실로 미루어볼 때, 어쩌면 대부분의 아즈텍 사람들은 우리가 생각하는 것처럼 자주 희생 제의를 접하지 않았을 수도 있습니다.

그렇다면 아즈텍 사람들은 과연 희생 제물의 피와 육신을 먹었을까요? 그들에게 정말 잔혹한 식인 풍습이 있었을까요? 희생 제물이 된 포로를 잡아온 사람은 그 포로가 죽으면서 흘린 피를 '먹었다'는 이야기가 있는데, 이 행위가 무엇을 암시하는지 정확히 알 도리는 없습니다. 그러나 기록에 따르면 포로의 몸을 가르고 의식을 할 때 흘러나온 피에 종이를 적셔 그 피를 신상神像의 입술에 살짝 묻혔다고 하지요. 이는 무자비하고 잔인한 행위와는 거리가 있습니다.

기록에는 우이칠로포츠틀리 신을 '먹었다'는 표현이 있어 어떤 학자들은 아즈텍인들이 '신으로 분한 인간을 희생시켜 그 인육을 먹었다'고 해석하는데, 명백히 잘못된 해석입니다. 아즈텍 사람들은 주변에서 흔히 구할 수 있는 식재료로 신의 형상을 본떠 오늘날의 빵이나 강정같은 먹거리를 만들었습니다. 그 음식을 제사나 의례에 바치거나 사용하고, 신성이 깃들었다고 생각하며 잘라서 나누어 먹었을 뿐이지요. 그들은 이렇게 음식을 나누어 먹으면 종족의 강인한 생명력을 유지하고 공동체 정신을 기를 수 있다고 생각했습니다.

죽은 이의 넋을 위로하고 애도하다

16세기, 스페인 정복자들이 도착했을 때 대부분의 아즈텍 사람들은 희생 제의에 대해 애도와 슬픔의 마음을 품고 있었습니다. 어느 원전에 따르면 그들이 종교 제의에서 소라고둥을 불었다는 내용이 있습니다. 다른 사료에는 바람을 일으켰다는 내용이 있지요. 아즈텍인들은 바람과 폭풍 소리가 나는 악기도 발견했습니다. 사람의 두개골 형태를 본떠 만든 '데스 휘슬Death Whistle'이라는 이름의 호루라기지요. 이 악기가 고통스러운 사람의 비명과 비슷한 소리를 냈다는 괴담 같은 전설도 전해지지만 16세기 사료를 보면 실제로 그렇지는 않았을 것으로 보입니다.

우리는 아즈텍 사람 중 얼마나 많은 수가 얼마나 자주 제의를 보러 갔는지, 그 제의를 보면서 어떤 생각을 하고 무슨 감정을 느꼈을지 정확히 알 수 없습니다. 물론 당시 산 사람을 죽여 신에게 바치는 잔혹한 희생 제의가 분명히 치러졌고, 많은 이들이 가끔 한 번씩은 이런 의식을 목격했다는 것은 분명합니다. 그들은 주변 지역에 대한 테노츠티틀란의 지배력이 약해지면 다시 위기가 도래할 수 있으니 다른 종족에 공포를 주입해 종속시켜야 한다는 사실도 잘 알고 있었을 것입니다. 한편 대자연의 풍요, 종족의 번성 등 신이 인간에게 준 많은 선물에 대한 감사 표시로 희생물을 바치는 것이 당연하다고 생각했을 수도 있지요.

이런 모든 배경 지식을 가지고 아즈텍 제국의 인신 공양 제의를 보면 새로운 면모가 보입니다. 그들의 희생 제의는 피비린내 나며 야만적이고 비인간적인 문화가 아니라, 지극히 인간적이고 그들의 사회를 지탱하는 하나의 문화였습니다. 아즈텍을 제대로 이해하기 위해서는 유럽이나 서양의 관점이 아닌, 아즈텍의 관점에서 그들의 제의를 이해해보려는 열린 태도가 필요하지요.

제가 이 책을 통해 독자 여러분께 전달하고 싶은 것도 그런 관점과 태도입니다. 아즈텍인들은 세간에 알려진 것처럼 무자비하고 냉혹한 전사만은 아니었습니다. 그들은 축제를 즐겼고, 희생양을 기렸으며, 주어진 삶을 충실히 살아낸, 우리와 다를 바 없는 평범한 사람들이었습니다.

한 걸음 더 메소아메리카의 소라고둥 나팔

멕시코시티 주변을 발굴하던 고고학자들은 과거 테노츠티틀란 지역에서 대서양과 태평양에 서식하던 다양한 조개 껍데기의 흔적을 발견했습니다. 아마 멀리 떨어진 바다 인근에서 거래를 하던 상인들이 아즈텍 제국에 보내온 공물이었을 것으로 예측되지요. 아즈텍 문명에서 조가비는 물과 삶을 상징하는 동시에 신의 현신처럼 여겨졌습니다. 그들은 장신구를 만들 때 주로 조개를 썼지요.

아즈텍인들은 다양한 종류의 조개 중에 특히 소라고둥을 가장 좋아해, 틀랄록을 기리는 신전에는 소라고둥을 새기기도 했습니다. 고둥에 매력을 느낀 이유는 깊고 독특한 소리 때문이었을 것으로 추정됩니다. 아즈텍 사람들은 나팔처럼 불 수 있는 소라고둥을 '키키스틀리Quiquiztli'라고 불렀습니다. 이후 스페인 사람들이 대포와 소총을 들고 침공했을 때, 아즈텍 사람들은 그 무서운 무기에 '불 소라고둥'이란 뜻의 '틀레키키스틀리Tlequiquiztli'라는 이름을 붙이기도 했지요.

아즈텍의 소라고둥 나팔 ▶ 멕시코 중앙 고원에서 발견된 소라고둥 나팔이다. 아즈텍을 비롯해 메소아메리카의 마야와 믹스텍 문명에서는 소라 껍데기로 만든 나팔을 불어 흥을 돋우거나 신의 뜻을 기리는 의식을 치렀다.

우주의 통치자인 신의 일식이 시작되었다.
세상은 완전히 어두워졌고,
작은 새와 까마귀, 독수리가 모두 땅에 떨어져
날개를 퍼덕이며 괴롭게 우짖었다.

노란 불꽃이 포포카테페틀Popocatepetl 산 위로 퍼졌다.
산 위에 불길과 연기 같은 것이 보였다.
겁에 질린 사람 중 일부는 교회로 달려갔고,
일부는 발을 헛디뎌 바닥에 쓰러졌다.
그러나 거기서 바로 죽은 이는 셋뿐이었다.
어둠 속에서 사람들은 서로를 알아보지 못했다.

이윽고 주변이 밝아졌다.
해를 가리고 있던 것은 그저 검은 형상이었다.
모두들 그가 해를 뒤로하고
산으로 넘어가는 모습을 보았다.

— 푸에블라 연대기 中

가톨릭과의 융합 그리고 멕시코의 오늘

12장

스페인의 침략과 아즈텍의 몰락

스페인 정복자와 멕시코 원주민의 조우

　가톨릭교가 멕시코 지역에 본격적으로 퍼지기 시작한 것은 아즈텍 제국이 몰락한 1521년 이후였습니다. 스페인 정복자들은 이미 몇 년에 걸쳐 멕시코 연안을 탐사했고, 메쉬카를 상대로 전쟁을 벌이며 약 2년간 테노츠티틀란 안팎에 머무르고 있었습니다. 그러나 유럽에서 온 새로운 종교가 멕시코 전역으로 퍼져 나가는 데에는 시간이 좀 더 필요했지요. 스페인 사람들이 멕시코에 정착하고 원주민들과 섞여 살기 시작한 지 한참 지난 후부터 비로소 종교가 전파되기 시작했습니다. 이때부터 멕시코 원주민들은 서로 다른 두 종교, 아즈텍 종교와 유럽 가톨릭교 사이에서 독특한 신앙 생활을 하기 시작했습니다. 그 과정은 몇 세대를 거치며 이어졌고, 오늘날까지도 많은 멕시코 학자들은 멕시코에 원주민 토속 신앙과 유럽 가톨릭이 뒤섞여 공존하고 있다고 봅니다.

멕시코에서 가톨릭교가 어떻게 변형되어 전파되었는지는 오랜 시간 유럽 학자들의 관심을 받지 못했습니다. 유럽인들은 자신들의 관점에서 편협한 시선으로 아즈텍 제국을 봤지요. 그들은 원주민이 고대 예언에 따라 에르난 코르테스를 돌아온 케찰코아틀 신으로 오해했다고 생각했습니다. 그래서 몬테수마가 자신의 제국을 이방인에게 쉽게 내주었고, 유럽 백인들이 경외심에 젖은 미개한 아즈텍 사람들에게 가톨릭교의 유일신 사상을 전파했다는 것이지요. 이는 지극히 서구 중심적인 시선에서 본 잘못된 이야기입니다. 실제로 아즈텍 사람들이 바로 가톨릭을 받아들인 것도 아니었고, 자신들의 고유한 종교와 유럽의 이질적인 종교를 융합하며 두루 받아들이는 데에는 매우 오랜 시간이 걸렸지요.

스페인 정복자와 아즈텍 제국의 전쟁

스페인 탐험대가 멕시코 인근에 상륙해 아즈텍 제국을 탐사하기 시작했을 때, 몬테수마 2세는 제국의 모든 외곽 지대에 정찰대를 보내고 초소를 지어 침략자를 감시하라고 명령했습니다. 아즈텍 제국이 무너지고 수년이 지난 뒤, 당시 정찰대로 참여했던 한 원주민은 이렇게 말했습니다.

"모든 일은 왕에게 보고되었다.
파발이 도착하는 사이 다른 파발이 떠났다.
몬테수마 2세는 침략자에 대해 정확히 보고하라 명했고,
모든 보고를 꼼꼼히 듣고 대비했다."

스페인 정복자들은 노예 생활을 하던 아즈텍 출신 원주민 여성 '라 말린체La Malinche'를 통역사이자 안내인 삼아 테노츠티틀란으로 향했지요. 정복자들이 아즈텍 제국의 중심부로 더 가까이 진군할수록 그들의 소식은 내밀하게 전해졌습니다. 마침내 아즈텍 제국의 몬테수마 2세와 스페인 탐험대가 서로를 마주했을 때, 스페인 탐험대는 말린체에게 자신들의 입장을

스페인의 정복 전쟁을 묘사한 그림 ▶ 에르난 코르테스가 이끄는 스페인 탐험대는 멕시코 해안에서 메쉬카 연합체의 패권 도시국가 테노츠티틀란까지 밀고 들어왔다. 이때 메쉬카와 사이가 좋지 않던 이웃 도시 틀락스칼라는 스페인과 함께 테노츠티틀란을 공격했다.

통역해 달라고 요청했지만 몬테수마는 이미 그들의 행적을 관찰하고 있었다며 말을 끊었습니다. 결국 두 세력 사이에 큰 전쟁이 터졌고, 아즈텍 제국과 동맹 세력은 힘껏 맞서 싸웠으나 허망하게 패배해 역사의 뒤안길로 사라지고 말았지요.

덧붙이자면, 이때 스페인 정복자를 테노스티틀란으로 안내했던 노예 출신 통역자 말린체는 침략자들의 앞잡이로 여겨지며 오랜 시간 중남미 역사에서 부정적인 인물로 평가되었습니다. 사실 말린체가 멕시코 전역에서 민족의 배신자처럼 여겨지는 것은 아이러니한 일입니다. 스페인 식민지를 거쳐 멕시코합중국이 세워지기 전까지 멕시코 원주민들 사이에는 통일된 민족 의식조차 없었기 때문입니다. 말린체는 오랜 시간 역사 속에 오명으로 남았으나, 오늘날에는 그녀가 처했던 상황과 입장을 고려한 관점에서의 연구도 진행되고 있지요.

아즈텍은 정말 스페인 사람들을 환대했을까?

그렇다면 몬테수마와 경외심에 가득 찬 아즈텍 사람들이 새로 도착한 '백인 신'을 기꺼이 맞이했다는 이야기는 어디에서 비롯된 것일까요?

스페인 정복자가 멕시코 베라크루스에 도착한 직후인 1519년에서 1522년 사이에 작성된 글들 중 지금까지 남아 있는 유일한 사료는 에르난 코르테스의 편지인데, 놀랍게도 그는 알려진 것과 다르게 편지에서 자신이 '신'으로 추앙받았다고 주장하지 않았습니다.

아즈텍인이 백인 침략자들을 신으로 여기고 반갑게 맞이했다는 내용은 1540년대 기록에 처음 등장합니다. 프란치스코회 수도사 토리비오 데 베나벤테Toribio de Benavente가 남긴 기록이지요. 그는 자신의 관찰과 상상력에 기반해 이야기를 써냈습니다. 흰 돛을 달고 해안에 도착한 스페인 탐험선을 보고 아즈텍 사람들이 신이 자신의 신전을 직접 들고 바닷길을 건너왔다고 생각했다고 말이지요. 그는 스페인 정복자들이 배에서 내리자 원주민들이 그들을 신으로 여겨 숭배하며 감격스러워했다고 썼습니다. 그러나 이는 당시 유럽의 식민주의적인 관점이 반영된 잘못된 오류이지요.

아무런 논리적 근거도 없는 이 이야기가 그렇게 오래 진실처럼 전해질 수 있었던 이유는 무엇일까요? 심지어 20세기까지도 사람들은 이 이야기를 믿었습니다. 베나벤테의 기록이 정설처럼 전해지기 시작한 것은 16세기 멕시코에서 원주민 아이들이 프란치스코회 수도사들이 운영하는 학교를 다니면서부터입니다. 이를 통해 어린 시절 교육의 중요성을 알 수 있지요. 원주민 아이들은 수도사들에게 배운 이야기를 믿었고 이후 몇 세기에 걸쳐 아즈텍 사람들이 유럽인들을 신처럼 여기고 받아들였다는 이야기가 사실처럼 전해졌습니다.

아즈텍 후손들의 입장에서도 조상들이 세운 제국이 외부의 침략자들에게 무참히 짓밟히고 무너졌다는 내용보다는, 신이 되어 돌아오겠다고 약속하고 떠난 이가 바다를 거슬러 돌아왔다는 내용이 더 마음 내키고 반갑게 여겨졌겠지요. 학생들은 마을 어른들에게 들은 아즈텍 전설과 수도사에게 배운 스페인 탐험대 이야기를 적절히 섞어 이해하고 받아들였습니다.

메쉬카 연합체가 등장하기 전 오래된 설화에서는 흰 얼굴을 한 케찰코아틀이 동쪽으로 떠났다가 수호신이 되어 돌아온다는 전설이 있었다고 합니다. 그러나 이는 나우아틀어 원전이나 아즈텍 기록에 있었던 내용이 아니라, 스페인 탐험대의 아즈텍 정복 이후에 기록된 내용으로 보입니다. 어쩌면 백인인 유럽인들이 아즈텍 정복을 정당화하기 위해 지어낸 이야기일지도 모르겠습니다.

결론적으로 아즈텍 제국은 16세기 초 스페인 탐험대의 침공으로 인해 몰락의 길을 걷게 되었습니다. 우리는 전해지는 신화와 역사는 알 수 있지만 당시 아즈텍 사람들의 생각과 사고방식은 알기 어렵지요. 그들은 스스로 외부의 적에게 정복될지도 모른다는 생각 자체를 하지 않았거나, 그런 상황이 오지 않으리라 여겼을지도 모릅니다.

13장

'죽은 자들의 날'과 전통을 보호하는 사람들

두 종교가 섞여 독특하고 복잡한 문화를 만들다

　아즈텍 사람들은 스페인 사람들을 조우하고 그들의 이야기를 들으며 놀라움과 경외심보다는 혼란과 거부감을 먼저 느꼈을 것입니다. 이질적인 문화를 접하면 사람들은 흔히 호기심뿐만 아니라 당혹스러움, 더 나아가 불편한 감정을 느끼지요. 아즈텍 사람들이 처음 보는 유럽인에게 경계심을 가지는 것도 무리는 아니었습니다.

　쿠아우틴찬 출신의 한 원주민은 스페인인으로부터 매주 일요일에 미사에 가야 한다는 말을 들었다고 회상합니다. 원주민의 관점에서는 이상한 일이었겠지요. 그들은 유럽인들과 사용하는 달력 체계도, 종교 의식도 달랐으니까요. 아즈텍인들의 입장에서는 스페인 사람들이 미사를 드리는 날인 '도밍고

Domingo(일요일)'가 무엇인지도 난해했을 것입니다.

틀락스칼라 사람이 남긴 역사 기록에는 원주민의 관점에서 본 가톨릭교 의례를 묘사한 내용이 있습니다. 그는 수도사가 집행하는 미사에 대해 상세하게 기록했지요.

"세 명의 수도사가 와서, 두 사람이 미사를 집전했다.
한 사람은 후안 디아스Juan Diaz였고,
다른 한 사람의 이름은 불확실했다.
남은 하나는 페드로 데 간테Pedro de Gante였다.
후안 수도사는 무척 행복해 보였고
우리에게 무언가를 이야기하고자 했지만
나우아틀어로 소통이 불가능했다.
그들은 토스콕이라는 곳에 큰 십자가를 세웠다.
그리고는 사람들을 모으고 손가락으로 하늘을 가리키며
'디오스(신)', '마리아' 등의 말을 했다."

거대한 십자가를 세우거나, 하늘을 가리키며 신을 부르는 모습이 아즈텍인의 눈에는 어색하고 혼란스러웠을 것입니다. 그래도 이 문헌에 따르면 유럽 수도사들이 비교적 평화적이고 열린 마음으로 종교를 전도했음을 알 수 있습니다.

다른 기록에는 스페인 사람들이 아즈텍의 종교를 포기하지 않고 신앙을 유지하는 원주민들을 참형에 처했다는 끔찍한 이

아즈텍과 가톨릭 문화의 융합 ▶
멕시코 칼리마야Calimaya에 있는 프란치스코회 수도원 건물 벽의 오래된 조각으로, 아즈텍 종교와 가톨릭교의 융합을 보여준다.

야기도 전해집니다. 특히 각 알테페틀의 틀라토아니를 잔인하게 죽였다고 전하지요. 통치자들이 허망하게 목숨을 잃자 사람들은 두려움에 떨며 세례를 받기 시작했습니다. 즉, 일부 멕시코 원주민들은 초기에 신앙심 때문이 아니라 살아남기 위해 새로운 종교를 인정하고 받아들였습니다.

16세기의 어떤 나우아틀어 기록에 따르면 아즈텍 제관이 이방인의 신앙을 받아들이기를 반대하며 그들과 교류를 멈추자고 사람들을 설득했다는 기록도 있습니다. 심지어 이미 치러진 가톨릭 세례를 취소하는 모종의 의식을 제안한 제관도 있었다고 하지요. 그럼에도 불구하고 수도사들은 원주민 학생들과 끊임없이 머리를 맞대고 가르치며 그들의 문화와 가톨릭교를 적절히 융화시키고자 노력했지요. 스페인 수도사들은 나우아틀어를 배우고, 아즈텍 학생들은 스페인어와 가톨릭 교리를 배웠습니다. 그렇게 멕시코에는 점점 아즈텍 신앙과 가톨릭이 뒤섞인 독특한 형태의 종교가 뿌리내리기 시작했습니다.

재규어 전사 프레스코화 ▶ 멕시코시티 북쪽 이스미킬판Ixmiquilpan이라는 마을의 산 미겔 아르칸헬 교구 교회에 있는 프레스코화의 일부다. 16세기에 지어진 이 성당에서는 원주민 문화의 영향으로 색색이 화려하게 묘사된 재규어 전사 그림을 볼 수 있다.

새로운 나우아틀어 단어

스페인의 선교사들이 멕시코에서 겪었던 가장 큰 어려움은 언어 차이였습니다. 유럽 종교의 주요 개념과 교리를 나우아틀어로 옮기고 가르치는 것은 쉬운 일이 아니었지요. 모국어로 스페인어를 쓰는 선교사와, 나우아틀어를 쓰는 원주민이 모여 새로운 개념을 쉽게 설명할 방법을 찾아야 했지요. 메쉬카가 쓰던 흔한 단어는 피해야 했습니다. '틀라마카스키' 같은 단어는 아즈텍 전통 사고방식과 너무 밀접히 얽혀 있었기 때

영어	스페인어	나우아틀어	의미
Baptism	Bautismo	Tlacuaatequiliztli	세례 의식
Believe	Creer	Neltoca	진실된 것을 따르다(믿다)
Bishop	Obispo	Teoyotica Tlatoani	주교(신성한 것의 통치자)
Confession	Confesión	Neyolmelahualiztli	고해(마음을 다잡는 행위)
Deity	Dios	Teotl	신, 신성
Devil	Diablo	Tlacatecolotl	악마(뿔난 올빼미 사람)
Heaven	Cielo	Ilhuicatl	하늘
Hell	Infierno	Mictlan	저승(죽은 자의 땅)
Salvation	Salvación	Temaquixtiliztli	구원(손을 풀어주는 행위)
Sin	Pecado	Tlatlacolli	죄
Virgin	Virgen	Ichpochtli	처녀, 젊은 미혼 여성

스페인어 의미를 옮긴 나우아틀어 단어 ▶ 스페인 선교사들은 아즈텍 원주민들과 함께 가톨릭 주요 개념을 나우아틀어로 옮기고자 노력했다.

문이지요. 왼쪽 표에서 수도사와 원주민이 함께 고안해낸 나우아틀어 단어들을 확인할 수 있습니다.

'은총', '성령', '신의 이름', '성인', '영혼' 등 나우아틀어로 제대로 표현하기 어려운 개념도 있었습니다. 스페인 선교사들은 이런 개념을 설명할 때 나우아틀어 문장에 스페인어 단어를 그대로 넣어 말했습니다. 처음에는 말이 통하지 않았지만, 서로 공유한 생각과 경험을 바탕으로 아즈텍 사람들도 스페인 수도사들이 뜻하는 바를 점차 이해하게 되었지요.

멕시코의 독특한 종교 문화

약 서너 세대를 거쳐 대부분의 멕시코 중부 원주민들은 가톨릭교도가 되었습니다. 스페인 선교사들의 종교에 대한 헌신과 현지 주민과 융합되려는 노력이 빛을 발한 결과였지요. 점점 많은 멕시코인이 가톨릭교를 믿고 받아들였습니다.

그러나 그들은 새로운 종교를 받아들이면서도 옛 믿음을 굳건히 간직했습니다. 이들은 지상에서의 삶은 나중에 내세에서 얻을 영생의 예비 단계라는 가톨릭 교리를 믿으면서도 땅에서의 삶이 소중하며 그 안에 신성이 깃들어 있고 죽은 이들이 계속 살아 있게 하려면 의미 있는 방식으로 기억해야 한다는 아즈텍 신앙의 중심 사상도 잊지 않았습니다. 멕시코의 전통 신앙이 잘 드러나는 기념일이 바로 '죽은 자들의 날'이지요. 매년 10월 31일부터 11월 2일까지 멕시코 사람들은 세상을 떠난 가족이나 친지를 기리며 명복을 빌고 축제를 벌입니다.

이렇게 아즈텍 신앙과 가톨릭이 혼재되어 있는 멕시코에서는 독특한 종교 문화가 자리를 잡았습니다. 16세기 중엽, '파비안 데 아키노Fabián de Aquino'라는 세례명을 받았던 어떤 아즈텍 원주민은 정통 가톨릭 교리와는 전혀 상반된 내용의, 악마에 대한 희곡을 썼습니다. 그는 무대에서 나우아틀어로 노래를 부르며 춤을 추고 연극을 했지요. 많은 사람들이 이 연극에 동참했습니다. 이렇게 아즈텍 사람들은 가톨릭교를 받아들이면서도 자기들만의 고유한 문화를 유지해나갔지요.

그림과 운율로 가톨릭을 이해하다

멕시코는 1521년부터 약 300년간 스페인의 식민지로 남아 있었습니다. 식민지 후반기, 한 프란치스코회 수도사와 나우아틀어를 하는 원주민 제자는 가톨릭 교리를 간단한 나우아틀어 그림문자로 작성했습니다. 그들은 이 작품으로 글을 읽지 못하는 이들에게 종교를 더 쉽게 이해시킬 수 있다고 생각했지요. 오른쪽 그림은 아찰쿠알코 그림 교리 원전Atzalcualco pictorial catechism의 일부로, '성모송Hail Mary'의 첫부분을 나타낸 것입니다. 그림을 왼쪽 위에서 오른쪽 아래로 따라가며 해석하면 다음과 같지요.

은총이 가득하신 마리아님, 기뻐하소서!
주님께서 함께 계시니 여인 중에 복되시며
태중의 아들 예수님 또한 복되시나이다.

아찰쿠알코 그림 교리 ▶ 스페인 수도사들은 옛 메쉬카의 그림문자에서 영감을 받아 멕시코인에게 가톨릭 교리를 가르치기 위한 그림을 남겼다.

또한 원주민들은 가톨릭 교리를 자신들만의 고유한 운율과 리듬으로 전달하기도 했습니다. 17세기 말에 멕시코 남동부 푸에블라에 살며 가톨릭 성당 공사에 참여했던 나우아족 원주민 장인 미겔 데 로스 산토스Miguel de los Santos는 자신이 태어난 알테페틀의 역사를 상세히 기록했습니다. 그 기록에는 가톨릭 종교 의식과 관련한 내용도 포함되어 있었지요. 그의 기록에 따르면 1690년대 도미니코 수도회는 아름다운 성당을 완공한 뒤 성모 마리아 상을 들고 축하의 행진을 했다고 합니다.

산토 도밍고 수녀원에서 새 예배당의 완공식을 열었다.
그들은 목요일에 성모 마리아 상을 들고 나왔다.
그리고 산타 카타리나 수녀원으로 모셨다.
성모님은 그곳에서 잠드셨다.
다음 날에는 성 삼위일체 수녀원으로 모셨다.
성모님은 그곳에서 잠드셨다.
토요일 아침 일찍 대성당으로 갔다가 오후에는 집으로 돌아왔다.
놀라운 일들이 벌어졌고, 길에서는 연극이 펼쳐졌다.
다음 주 목요일 오후, 성모 마리아 상을
집에서 모시고 나오자 큰 바람이 불었다.
바람이 너무 세게 불어 더 이상 길에 사람이 없었다.
성모 상을 모시고 이동하는 동안
눈을 뜨고 확인하기 어려울 정도였다.

미겔 데 로스 산토스는 가톨릭 교리와 성모 마리아의 의미에 대해 깊이 이해하는 사람이었습니다. 그러나 그의 기록에는 과거 나우아인 조상들이 치코모스톡에서 남하한 사람들을 묘사할 때 사용했던 것과 비슷한 어투가 남아 있습니다. 옛 설화에는 그들이 각 성지에 도착할 때마다 그곳에서 '잠들었다 Cochico'라는 말이 운율처럼 반복됩니다.

이번 부의 서두에 있던 일식에 관한 글도 미겔 데 로스 산토스가 1691년에 남긴 것입니다. 스페인 천문학자가 미리 예측했지만, 아즈텍 사람들에게 일식은 여전히 두려운 사건이었지요. 사제와 수도사들이 교회와 성당의 종을 울리자 원주민의 두려움은 커졌습니다. 미겔은 마침내 일식이 지나가고, 해를 가리던 검은 형상이 사라졌다고 기록했지요. 여기서 말한 '검은 형상'이란 아즈텍 문화 속 아이들을 치유해주는 검은 얼굴의 신 익스틀릴톤Ixtlilton을 언급한 것이라는 해석이 있습니다. 즉, 가톨릭 교리를 이해하고 받아들인 원주민조차 여전히 아즈텍 신화를 믿고 그로부터 영향을 받고 있었던 것이지요.

피렌체 고문서에 묘사된 익스틀릴톤 ➤ 아즈텍 사람들은 검은 얼굴의 신이 아이들의 병을 치유하고 지켜준다고 믿었다. 아즈텍 신화 속 여러 신은 유럽 수도사들이 퍼뜨린 가톨릭 교리와 뒤섞여 멕시코만의 독특한 형태로 발전했다.

한걸음 더 토착 전통을 지키는 방법

과거 멕시코에서는 나우아틀어뿐만 아니라 마야어, 믹스텍어, 사포텍어 등 다양한 언어가 사용되었습니다. 그중 몇몇 토착 언어는 멕시코의 외딴 지역에서 온전하게 살아남았지요. 역사학자와 언어학자들은 오늘날까지도 옛 토착 언어에 관심을 갖고 연구하고 있습니다. 멕시코의 전통 종교 의식도 마찬가지입니다. 아즈텍의 고유한 종교 의식은 가톨릭교의 전파와 함께 많이 변하고 퇴색되었으나, 그중 일부는 오래된 마을에서 살아남아 계승되며 때때로 학자들의 연구 대상이 되기도 하지요.

베라크루스 북쪽, 멕시코만에 접한 산지 우아스테카Huasteca에서는 여전히 전통 종교 의식을 볼 수 있습니다. '틀라마티케틀Tlamatiquetl'이라 불리는 이가 지금도 매년 순례자들을 성지로 이끌어주지요. 이들은 16세기에 제작된, 신성한 나무껍질 고서적 '아모스틀리Amoxtli'에 묘사된 것처럼 신이 깃든 종이 인형을 만듭니다. 종이 인형에 희생 제물인 닭이나 칠면조의 피를 뿌리고, 비와 풍작 등을 기원하는 마음으로 제단을 만들어 꽃과 음식을 바치고 그 위에 영이 현신한 인형을 올려두는 것이지요.

1970년대 초 인류학자 샌드스트롬 부부Alan & Pamela Sandstrom는 여러 번에 걸쳐 우아스테카의 아마틀란Amatlan 마을에 머물렀습니다. 이곳은 여전히 나우아틀어를 사용하는 유서 깊은 곳이지요. 이들은 전통 제의를 보존하고 미래 세대에게 전달하기 위해 사진과 글로 남겼습니다. 샌드스트롬 부부뿐만 아니라 다양한 문화인류학자, 역사학자들이 멕시코 토착 문화와 전통을 보존하는 데 힘쓰고 있습니다.

우아스테카 마을 전통 의례 ▶ 1970년대 이후, 많은 역사학자와 문화인류학자가 멕시코 토착민의 전통을 지키고자 애쓰고 있다.

나우아틀어와 멕시코 전통을 보존하는 이들

멕시코의 각 지역과 도시, 마을에 아직 남아 있는 전통 의례나 사람들의 생활상을 보면 스페인의 지배 이후 수 세기 동안 멕시코 원주민들이 자신들의 문화와 언어를 보존하고, 심지어 되살리고자 애쓴 흔적이 드러납니다. 이들의 노력은 톡톡히 빛을 발하고 있지요.

멕시코의 나우아틀어 사용 인구는 현재 150만 명을 웃돌고, 심지어 해외로 이민을 간 학자가 나우아틀어를 계속해서 연구하며 가르치기도 합니다. 이렇듯 오늘날 메쉬카의 후손은 자신들만의 방식으로 계속해서 문화와 전통을 보존하고 있지요. 그중 많은 수가 글을 쓰고, 역사를 연구하고, 사료를 분석하고, 민족의 언어와 문화가 과거에서 먼 미래로 이어질 수 있도록 노력하는 지식인과 예술가입니다.

멕시코의 전통을 지키는 데 앞장서고 있는 학자 한 사람을 소개하고자 합니다. 에두아르도 델라크루즈Eduardo de la Cruz는 나우아틀어를 보존하기 위해 노력하고 있는 연구자이자 운동가, 작가입니다. 그는 베라크루스주 치콘테펙Chicontepec에서 태어나 나우아틀어를 사용하는 공동체에서 성장했지요. 델라크루즈는 어린 시절부터 부모님과 조부모님께 전통 농법을 배우며 자랐습니다. 홈스쿨링으로 고등학교까지 마친 그는 마을을 떠나 사카테카스 자치대학교Autonomous University of Zacatecas에 진학해 경제학과 인문학 학위를 받았습니다.

대학 시절에 사카테카스 민속학교육연구소Zacatecas Institute for Teaching and Research in Ethnology에 합류한 그는 2010년부터 조교수로 근무하며 나우아틀어 사전 편찬 프로젝트에 참여했고, 마침내 2016년에 사전을 완성했습니다. 멕시코 토착어를 영어나 유럽권 언어로 번역할 수 있어야 한다는 고정관념에서 벗어나, 나우아틀어를 나우아틀어로 풀이하는 자료를 집대성했다는 점에서 의미가 매우 크지요.

델라크루즈는 지금까지 게티 재단과 멕시코의 여러 공립 학교 등 유수의 기관과 협업하며 나우아틀어와 메쉬카 문화를 되살리고 널리 알리기 위한 프로젝트를 계속하고 있습니다. 특히 자신들의 뿌리와 조상에 대해 거의 배우지 못하고 있는 멕시코 학생들을 위해 더 나은 역사·문화 교육을 제공하는 데에 초점을 두고 말이지요. 그는 학생들이 나우아틀어를 가까이, 모국어처럼 느낄 수 있도록 돕기 위해 여러 권의 책을 펴내기도 했습니다. 앞으로 델라크루즈 같은 학자들이 연구를 지속하는 한 우리는 잘 몰랐던 멕시코 고원의 아즈텍 역사와 신화에 대해 더 많은 것을 알게 될 것입니다.

사라질 위기에 놓인 원주민과 토착민의 전통을 보존하는 것은 단순히 멕시코 사람들에게만 좋은 일이 아닙니다. 전 세계적으로도 의미 있는 일이지요. 세계 곳곳에서 점점 설 곳을 잃거나 희미해져가는 소수민족의 문화를 보존하는 일은 인류 전체의 다양성을 보존하는 동시에, 자국 문화를 더 넓은 관점에서 볼 수 있도록 도와줍니다. 모든 문화는 저마다의 독특한 특성과 의미, 지혜를 간직하고 있지요. 그래서 다른 문화를 배우고 이해하는 것은 우리의 사고방식을 넓히고, 세계관을 확장해줍니다. 여러분이 이 책을 통해 아즈텍 문화와 한 걸음 가까워지고 새로운 시선에서 보게 되었길 바라며 글을 마무리하겠습니다.

참고문헌

1부

- Annals of Cuauhtitlan, folio 4.
- Díaz, Historia verdadera, 169.
- Dibble & Anderson, Florentine Codex, 4:20.
- Olko and Madajczak, "An Animating Principle in Confrontation with Christianity?"
- See Sorensen, "I am a Singer, I Remember the Lords."

2부

- Dibble & Anderson, Florentine Codex, 7:6.
- Annals of Cuauhtitlan, folio 2; Legend of the Suns, folio 75.
- Dibble & Anderson, Florentine Codex, 7:4.
- Andrews, Classical Nahuatl, 498.
- Dibble & Anderson, Florentine Codex, 7:4-7.
- Cantares Mexicanos, folio 22.
- Cantares Mexicanos, folio 1.
- Sandstrom, "Flower World," 41. For full discussion, see Maffie, Aztec Philosophy.
- Dibble & Anderson, Florentine Codex, 11:29.
- Chimalpahin in Tena, Ocho Relaciones, 1:349.
- Dibble & Anderson, Florentine Codex, 6:160.
- Lockhart, The Nahuas after the Conquest.
- Dibble & Anderson, Florentine Codex, 11:247.
- Cantares Mexicanos, folio 12.
- Dibble & Anderson, Florentine Codex, 6:35.
- Dibble & Anderson, Florentine Codex, 6:141.
- Legend of the Suns, folio 76.
- Annals of Cuauhtitlan, folio 3.
- Codex Aubin, folio 21V-22. See also Annals of Tlatelolco.
- Annals of Cuauhtitlan, folios 1 and 4.
- Dibble & Anderson, Florentine Codex, 4:11.
- Legend of the Suns, folios 78-80.
- Florentine Codex 3; and Annals of Cuauhtitlan, folios 3-5.
- Annals of Cuauhtitlan, folio 7.

- Dibble & Anderson, Florentine Codex, 3:1-5.
- Montero Sobrevilla, "The Disguise of the Hummingbird."
- Codex Chimalpahin, 1:77-83.
- Codex Chimalpahin, 1:83-87; and Tena, Ocho Relaciones, 1:159.
- Dibble & Anderson, Florentine Codex, 2:53.
- Dibble & Anderson, Florentine Codex, 2:184-85.
- Dibble & Anderson, Florentine Codex, 6:242.
- Dibble & Anderson, Florentine Codex, 6:162-63.
- Dibble & Anderson, Florentine Codex, 3:45 and 4:115.
- Cantares Mexicanos, folio 12.
- Dibble & Anderson, Florentine Codex, 3:42.

3부

- Annals of Tlatelolco, folio 8.
- Codex Chimalpahin, 1:120-21.
- Legends of the Suns, folios 82-83.
- Chimalpahin in Tena, Ocho Relaciones, 1:77.
- Dibble & Anderson, Florentine Codex, 3:17-21.
- Annals of Cuauhtitlan, folios 8-11.
- Historia Tolteca Chichimeca, folio 11.
- Historia Tolteca Chichimeca, folio 12.
- Andrews, Classical Nahuatl, 496.
- Codex Aubin, folios 3-8.
- Annals of Tlatelolco, folios 6-7.
- Codex Chimalpahin, 1:71.
- Chimalpahin in Tena, Ocho Relaciones, 183-85.
- Codex Aubin, folio 19V.
- Annals of Tlatelolco, folio 8.
- Codex Aubin, folio 19V.
- Chimalpahin in Tena, Ocho Relaciones, 1:167 and 351.
- Codex Chimalpahin, 1:93.
- Annals of Tlatelolco, folio 8-9.
- Codex Aubin, folio 20.
- Chimalpahin in Tena, Ocho Relaciones, 1:169.
- Annals of Tlatelolco, folio 9.
- Codex Aubin, folio 22.
- Annals of Tlatelolco, folio 9.

- Chimalpahin in Tena, Ocho Relaciones, 213.
- Codex Aubin and Codex Chimalpahin, 1:101.
- Historia Tolteca Chichimeca, folios 17-19.
- Annals of don Juan Buenaventura Zapata y Mendoza, folio 1.
- Chimalpahin in Tena, Ocho Relaciones, 1:211.
- Annals of Cuauhtitlan, folio 1, 10, 13, 14, 17, 21-23.
- Díaz, Historia verdadera, 159.
- Codex Chimalpahin, 1:61.
- Codex Aubin, folio 26.
- Zapata y Mendoza, Annals of Tlaxcala, folio 2V.
- Dibble & Anderson, Florentine Codex, 6:8-9.

4부

- Codex Chimalpahin, 1:118-25.
- Annals of Cuauhtitlan, folio 17.
- Chimalpahin in Tena, Ocho Relaciones, 1:343.
- Historia Tolteca Chichimeca, folio 47V.
- Annals of Cuauhtitlan, folio 17.
- Dibble & Anderson, Florentine Codex, 6:127-33.
- Annals of Cuauhtitlan, folio 33.
- Texcocan narratives in Codex Chimalpahin, 2.
- Annals of Cuauhtitlan, folio 34.
- Historia Tolteca Chichimeca, folio 43V.
- Florentine Codex 6 and Bancroft Dialogues.
- Dibble & Anderson, Florentine Codex, 6:248.
- Codex Chimalpahin, 1:207-209.
- Reyes, Anales de Juan Bautista, 236-37.
- Dibble & Anderson, Florentine Codex, 6:41, 47, 53.
- Dibble & Anderson, Florentine Codex, 6:35.
- Dibble & Anderson, Florentine Codex, 6:4-5.
- Codex Chimalpahin, 1:115-17.
- Annals of Tlatelolco and Annals of Cuauhtitlan.
- Codex Chimalpahin, 1:119-23.
- Schroeder, "The First American Valentine."
- Chimalpahin in Tena, Ocho Relaciones, 1:365-75.
- Chimalpahin in Tena, Ocho Relaciones, 1:383-85.
- Codex Chimalpahin, 2:53-55.

- Annals of Cuauhtitlan, folios 43-44.
- Annals of Tlatelolco.
- Codex Aubin, folio 35.
- Annals of Tlatelolco, folio 13V.
- Codex Chimalpahin, 1:137.
- Historia Tolteca Chichimeca, folio 44V.
- Chimalpahin in Tena, Ocho Relaciones, 2:84-97.
- Therrell, Stahle & Acuña Soto, "Aztec Drought and the 'Curse of One Rabbit.'"
- Annals of Tlatelolco, folio 56.
- Chimalpahin in Tena, Ocho Relaciones, 2:101.
- Codex Chimalpahin, 2:46-47.
- Annals of Cuauhtitlan, folio 56.
- Codex Chimalpahin, 1:136–39.
- Codex Chimalpahin, 2:44–45.
- Codex Chimalpahin, 2:50–51.
- Zapata y Mendoza, folio 3.
- Zapata y Mendoza, folio 3V.
- Annals of Cuauhtitlan, folio 58.
- Chimalpahin, Zapata y Mendoza and others.

5부

- Chimalpahin in Tena, Ocho Relaciones, 2:137-39.
- Codex Chimalpahin, 1:53.
- Cantares Mexicanos, folio 13.
- Jorge Klor de Alva, Preface to León-Portilla, The Broken Spears.
- León-Portilla, Aztec thought and Culture, XXI.
- Dibble & Anderson, Florentine Codex, 6:155.
- Dibble & Anderson, Florentine Codex, 10:30.
- Dibble & Anderson, Florentine Codex, 6:160.
- Dibble & Anderson, Florentine Codex, 6:167-68.
- Dibble & Anderson, Florentine Codex, 4:61.
- Dibble & Anderson, Florentine Codex, 3:63-64.
- Dibble & Anderson, Florentine Codex, 7:17-18.
- Chimalpahin in Tena, Ocho Relaciones, 1:355 and 2:137.
- Annals of Cuauhtitlan, folio 23.
- Annals of Cuauhtitlan, folio 61-62.
- Dibble & Anderson, Florentine Codex, 6:197-98.

- Dibble & Anderson, Florentine Codex, 4:95-96.
- Townsend, Here in This Year, 73 (yn icuac motlatlalo mixcoatl ytech ylhuicatl).
- Dibble & Anderson, Florentine Codex, 2:53, 4:41, 81, 155, 171, 192, 195.
- Durán, Historia de las Indias, 1:174.
- Dibble & Anderson, Florentine Codex, 2:129.
- Lenape story "Ball Player," in Townsend and Michael, On the Turtle's Back.
- Chimalpahin in Tena, Ocho Relaciones.
- Schroeder et al., Chimalpahin's Conquest, 192.
- Dibble & Anderson, Florentine Codex, 2:111.
- Leonardo López Luján, Raúl Barrera Rodríguez, and Ximena Chávez Balderas, speaking at "Tenochtitlan: Imperial Ideologies on Display," Dumbarton Oaks, Washington, D.C., 8 April 2022.
- Chimalpahin in Tena, Ocho Relaciones, 2:143.
- Annals of Cuauhtitlan, folio 9.
- Dibble & Anderson, Florentine Codex, 2:145, 2:185, 3:6, 153, 156, 188-89, 192.

6부

- Florentine Codex 12 in Lockhart, We People Here, 94.
- Díaz, Historia verdadera, 165.
- Motolinía, Historia de los Indios, 102-108.
- Townsend, "Burying the White Gods."
- Medina Lima, Libro de Guardianes, 36.
- Zapata y Mendoza, folio 3V.
- Zapata y Mendoza, folio 4V.
- Annals of Juan Bautista, folio 8.
- Mendoza, "Painting Colonialism with Words."
- Burkhart, Slippery Earth.
- Leeming, Aztec Antichrist.
- Townsend, Here in This Year, 149.
- Historia Tolteca Chichimeca, folios 23-26.
- Townsend, Here in This Year, 155.
- Sandstrom & Sandstrom, Pilgrimage, 3.
- Dibble & Anderson, Florentine Codex, 1:15-16.
- McDonough, The Learned Ones.

> 더 읽을거리

나우아틀어 원전 자료

- Codex Aubin (British Museum, London).
- Bancroft Dialogues (Bancroft Library, University of California, Berkeley).
- Cantares Mexicanos (Biblioteca Nacional, Mexico City).
- Codex Chimalpahin (Instituto Nacional de Antropología e Historia [INAH], Mexico City).
- Chimalpahin's "Eight Relations" (Bibliothèque nationale de France [BnF], Paris).
- Annals of Cuauhtitlan (original now lost, Velázquez facsimile).
- Florentine Codex (Biblioteca Medicea Laurenziana, Florence).
- Annals of Juan Bautista (Biblioteca Lorenzo Boturini, Mexico City).
- Legend of the Suns (original now lost, Velázquez facsimile).
- Libro de Guardianes (Universidad Nacional Autónoma de México, Mexico City).
- Annals of Puebla (INAH, Mexico City).
- Annals of Tecamachalco (Nettie Lee Benson Collection, University of Texas, Austin).
- Hernando Alvarado Tezozomoc (within Codex Chimalpahin).
- Annals of Tlatelolco (BnF, Paris).
- Annals of Tlaxcala (INAH, Mexico City).
- Historia Tolteca Chichimeca (BnF, Paris).
- Juan Buenaventura Zapata y Mendoza (BnF, Paris).

나우아틀어 번역본

- Anderson, Arthur J.O.; and Susan Schroeder, eds. Codex Chimalpahin, Vols 1-2. Norman: University of Oklahoma Press, 1997.
- Bierhorst, John, ed. Cantares Mexicanos. Stanford: Stanford University Press, 1985.
- Bierhorst, John, ed. History and Mythology of the Aztecs: The Codex Chimalpopoca [Annals of Cuauhtitlan and the Legend of the Suns]. Tucson: University of Arizona Press, 1992.
- Dibble, Charles; and Arthur J.O. Anderson, eds. Florentine Codex: General History of the things of New Spain, Vols 1–12. Santa Fe, New Mexico: School of American Research, 1950–82.
- Dibble, Charles, ed. Historia de la Nación Mexicana [Codex Aubin]. Madrid: Porrúa, 1963.
- Karttunen, Frances; and James Lockhart, eds. The Art of Nahuatl Speech: The Bancro

Dialogues. Los Angeles: UCLA Latin American Center, 1987.
- Kirchof , Paul; Lina Odena Güemes; and Luis Reyes García, eds. Historia Tolteca Chichimeca. Mexico City: INAH, 1976.
- Medina Lima, Constantino, ed. Libro de Guardianes y gobernadores de Cuauhtinchan. Mexico City: CIESAS, 1995.
- Reyes García, Luis, ed. ¿Cómo te confundes? ¿Acaso no somos conquistados? Anales de Juan Bautista. Mexico City: CIESAS, 2001.
- Reyes García, Luis; and Andrea Martínez Baracs, eds. Juan Buenaventura Zapata y Mendoza: Historia cronológica de la Noble Ciudad de Tlaxcala. Tlaxcala: Universidad Autónoma de Tlaxcala, 1995.
- Schroeder, Susan; Anne J. Cruz; Cristián Roa-de-la-Carrera; and David Tavárez, eds. Chimalpahin's Conquest: A Nahua Historian's Rewriting of Francisco López de Gómara's "La Conqista de México". Stanford: Stanford University Press, 2010.
- Tena, Rafael, ed. Anales de Tlatelolco. Mexico City: CONACULTA, 2004.
- Tena, Rafael, ed. Ocho Relaciones y el memorial de Culhuacan, Vols 1–2. Mexico City: CONACULTA, 1998.
- Townsend, Camilla, ed. Here in is Year: Seventeenth-Century Nahuatl Annals of the Tlaxcala-Puebla Valley. Stanford: Stanford University Press, 2010.
- Velázquez, Primo Feliciano. Códice Chimalpopoca: Anales de Cuauhtitlan y Leyenda de los soles. Mexico City: Imprenta Universitaria, 1945.

스페인어 원전 자료

- Díaz, Bernal. Historia verdadera de la conquista de la Nueva España. Mexico City: Porrúa, 2000.
- Durán, fray Diego. Historia de las Indias, vols 1–2. Mexico City: Ignacio Escalante, 1867 and 1880.
- Motolinía, fray Toribio de Benavente. Historia de los indios de la Nueva España. Madrid: Alianza, 1988.

기타 자료

- Andrews, Richard. An Introduction to Classical Nahuatl. Norman: University of Oklahoma Press, 2004.
- Berdan, Frances. Aztec Archaeology and Ethnohistory. New York and London: Cambridge University Press, 2014.
- Boone, Elizabeth Hill. Stories in Red and Black: Pictorial Histories of the Aztecs and

Mixtecs. Austin: University of Texas Press, 2000.
- Burkhart, Louise. Slippery Earth: Nahua-Christian Moral Dialogue in Sixteenth-Century Mexico. Tucson: University of Arizona Press, 1989.
- Burkhart, Louise. "Christian Doctrine: Nahuas Encounter the Catechism" and "Deciphering the Catechism," in Painted Words: Nahua Catholicism, Politics, and Memory in the Atzaqualco Pictorial Catechism, ed. by Elizabeth Hill Boone, Louise Burkhart and David Tavárez. Washington, D.C.: Dumbarton Oaks, 2017.
- Carmack, Robert; Janine Gasco; and Gary Gossen. The Legacy of Mesoamerica: History and Culture of a Native American Civilization. Upper Saddle River, NJ: Prentice Hall, 2007.
- Carrasco, Davíd; and Scott Sessions. Daily Life of the Aztecs. Indianapolis: Hackett Publishing, 2008.
- Edmonson, Munro. The Book of the Year: Middle American Calendrical Systems. Salt Lake City: University of Utah Press, 1988.
- Evans, Susan Toby. Ancient Mexico and Central America. London and New York: Thames & Hudson, 2013.
- Haskett, Robert. Visions of Paradise: Primordial Titles and Mesoamerican History in Cuernavaca. Norman: University of Oklahoma Press, 2005.
- Jeffres, Travis. The Forgotten Diaspora: Mesoamerican Migrations and the Making of the US–Mexico Borderlands. Lincoln: University of Nebraska Press, 2023.
- Karttunen, Frances. An Analytical Dictionary of Nahuatl. Norman: University of Oklahoma, 1992.
- Leeming, Ben. Aztec Antichrist: Performing the Apocalypse in Early Colonial Mexico. Boulder: University Press of Colorado, 2022.
- Leibsohn, Dana. Script and Glyph: Pre-Hispanic History, Colonial Bookmaking and the Historia Tolteca-Chichimeca. Washington, D.C.: Dumbarton Oaks, 2009.
- León-Portilla, Miguel. Aztec Thought and Culture. Norman: University of Oklahoma Press, 1936 [1956].
- León-Portilla, Miguel. The Broken Spears: The Aztec Account of the Conquest of Mexico. Boston: Beacon Press, 1970.
- Lockhart, James. The Nahuas after the Conquest. Stanford: Stanford University Press, 1992.
- Lockhart, James. We People Here: Nahuatl Accounts of the Conquest of Mexico. Berkeley: University of California Press, 1993.
- López Austín, Alfredo. Tamoanchan, Tlalocan: Places of Mist. Boulder: University Press of Colorado, 1997.
- Maffie, James. Aztec Philosophy: Understanding a World in Motion. Boulder: University Press of Colorado, 2014.

- Malanga, Tara. "'Earth is No One's Home': Nahua Perceptions of Illness, Death and Dying in the Early Colonial Period." PhD dissertation, Department of History, Rutgers University, 2020.
- Mathiowetz, Michael; and Andrew Turner, eds. Flower Worlds: Religion, Aesthetics, and Ideology in Mesoamerica and the American Southwest. Tucson: University of Arizona Press, 2021.
- Matos Moctezuma, Eduardo. Life and Death in the Templo Mayor. Boulder: University Press of Colorado, 1995.
- McDonough, Kelly. The Learned Ones: Nahua Intellectuals in Post-Conquest Mexico. Tucson: University of Arizona Press, 2014.
- Mendoza, Celso. "Painting Colonialism with Words: The Aztecs Recording and Resisting Spanish Rule a Generation after Conquest." PhD dissertation, Department of History, Rutgers University, 2023.
- Miller, Mary; and Karl Taube. An Illustrated Dictionary of the Gods and Symbols of Ancient Mexico and the Maya. London and New York: Thames & Hudson, 1997.
- Montero Sobrevilla, Iris. "The Disguise of the Hummingbird: On the Natural History of Huitzilopochtli in the Florentine Codex." Ethnohistory 67 (July 2020).
- Mundy, Barbara. The Death of Aztec Tenochtitlan, the Life of Mexico City. Austin: University of Texas Press, 2015.
- Navarrete Linares, Federico. "Tlaxcalan Histories of the Conquest and the Construction of Cultural Memory." Iberoamericana 19 (2019): 35–50.
- Olivier, Guilhem. Mockeries and Metamorphoses of an Aztec God: Tezcatlipoca, Lord of the Smoking Mirror. Boulder: University Press of Colorado, 2003.
- Olivier, Guilhem. "Humans and Gods in the Mexica Universe," in the Oxford Handbook of the Aztecs. New York and London: Oxford University Press, 2017.
- Olko, Justyna; and Julia Madajczak. "An Animating Principle in Confrontation with Christianity? De(Re)Constructing the Nahua 'Soul'." Ancient Mesoamerica 30 (2019).
- Oudijk, Michael; and María Castañeda de Paz. "Nahua Thought and the Conquest," in the Oxford Handbook of the Aztecs. New York and London: Oxford University Press, 2017.
- Pizzigoni, Caterina. "Where Did All the Angels Go? An Interpretation of the Nahua Supernatural World," in Angels, Demons and the New World, ed. by Fernando Cervantes and Andrew Radden. Cambridge: Cambridge University Press, 2013.
- Rajagopalan, Angela Herren. Portraying the Aztec Past: The Codices Boturini, Azcatitlan, and Aubin. Austin: University of Texas Press, 2019.
- Read, Kay Almere; and Jason González. Mesoamerican Mythology. New York: Oxford University Press, 2000.
- Ruiz Medrano, Ethelia. Mexico's Indigenous Communities: eir Lands and Histories, 1500–2010. Boulder: University Press of Colorado, 2010.

- Sandstrom, Alan. "Flower World in the Religious Ideology of Contemporary Nahua of the Southern Huasteca," in Flower Worlds: Religion, Aesthetics, and Ideology in Mesoamerica and the American Southwest, ed. by Michael Mathiowetz and Andrew Turner. Tucson: University of Arizona Press, 2021.
- Sandstrom, Alan; and Pamela Effrein Sandstrom. Pilgrimage to Broken Mountain: Nahua Sacred Journeys in Mexico's Huasteca Veracruzana. Denver: University Press of Colorado, 2022.
- Schroeder, Susan. "The First American Valentine: Nahua Courtship and Other Aspects of Family Structuring in Mesoamerica." Journal of Family History 23 (1998).
- Smith, Michael. e Aztecs. Oxford: Blackwell Publishers, 1996.
- Sorensen, Peter Bjorndahl. "'I am a Singer, I Remember the Lords': History in the Sixteenth-Century Aztec Cantares." PhD dissertation, Department of History, Rutgers University, 2022.
- Tavárez, David. e Invisible War: Indigenous Devotions, Discipline, and Dissent in Colonial Mexico. Stanford: Stanford University Press, 2022.
- Therrell, Matthew; David W. Stahle; and Rodolfo Acuña Soto. "Aztec Drought and the 'Curse of One Rabbit.'" Bulletin of the American Meteorological Society 85(9) (September 2004).
- Townsend, Camilla. "Burying the White Gods: New Perspectives on the Conquest of Mexico." American Historical Review 108 (2003).
- Townsend, Camilla. Annals of Native America: How the Nahuas of Colonial Mexico Kept eir History Alive. New York: Oxford University Press, 2017.
- Townsend, Camilla. Fifth Sun: A New History of the Aztecs. New York: Oxford University Press, 2020.
- Townsend, Camilla; and Nicky Kay Michael. On the Turtle's Back: Stories the Lenape Told Their Grandchildren. New Brunswick, NJ: Rutgers University Press, 2023.
- Whittaker, Gordon. Deciphering Aztec Hieroglyphs: A Guide to Nahuatl Writing. London: Thames & Hudson, 2021.
- Wood, Stephanie. Transcending Conquest: Nahua Views of Spanish Colonial Mexico. Norman: University of Oklahoma Press, 2003.

이미지 출처

20쪽 © Magnus von Koeller
21쪽 © Max Shen/Moment/Getty Images
22쪽 왼쪽 위 © Suzuki Kaku/Alamy Stock Photo
22쪽 오른쪽 위 © Art Institute of Chicago
22쪽 왼쪽 아래 © Los Angeles County Museum of Art
22쪽 오른쪽 아래 © Art Institute of Chicago
26쪽 © G. Dagli Orti/De Agostini Picture Library/akg-images
27쪽 © Library of Congress, Washington, D.C.
32쪽 © Art Nick/Shutterstock
34쪽 © Album/Alamy Stock Photo
36쪽 © Fordham University, New York
40쪽 © Werner Forman/Universal Images Group/Getty Images
42쪽 © The Trustees of the British Museum, London
50쪽 © Photo El Comandante
51쪽 © Deciphering Aztec Hieroglyphs
53쪽 © Library of Congress, Washington, D.C.
58쪽 © Library of Congress, Washington, D.C.
60쪽 © Fordham University, New York
62쪽 © Codex Borgia
64쪽 © Codex Borgia
65쪽 © Foundation for the Advancement of Mesoamerican Studies, Inc.
67쪽 왼쪽 © Musée de l'Homme, Paris/Bridgeman Images
67쪽 오른쪽 © The Trustees of the British Museum, London
69쪽 © The Picture Art Collection/Alamy Stock Photo
71쪽 위 © Fordham University, New York
71쪽 아래 © Paintings of the Governor, Mayors and Rulers of Mexico, 1565.
74쪽 © Bibliothèque nationale de France, Paris
75쪽 © Foundation for the Advancement of Mesoamerican Studies, Inc.
80쪽 왼쪽 © Wang LiQiang/Shutterstock
80쪽 오른쪽 © Museum für Völkerkunde, Vienna/Bridgeman Images
82쪽 © Dennis Jarvis, Halifax, Nova Scotia
86쪽 © Library of Congress, Washington, D.C.
89쪽 © Gary Todd, Xinzheng
90쪽 © Foundation for the Advancement of Mesoamerican Studies, Inc.
98쪽 © Library of Congress, Washington, D.C.

99쪽 ⓒ Library of Congress, Washington, D.C.

107쪽 ⓒ Bibliothèque nationale de France, Paris

109쪽 ⓒ Foundation for the Advancement of Mesoamerican Studies, Inc.

112쪽 왼쪽 ⓒ The Trustees of the British Museum, London

112쪽 오른쪽 ⓒ The Trustees of the British Museum, London

116쪽 ⓒ The Trustees of the British Museum, London

119쪽 ⓒ G. Dagli Orti/De Agostini Picture Library/akg-images

124쪽 ⓒ LLILAS Benson Latin American Studies and Collections

131쪽 ⓒ North Wind Picture Archives/Alamy Stock Photo

135쪽 ⓒ Diego Rivera

139쪽 ⓒ Art Institute of Chicago: Major Acquisitions Fund

142쪽 ⓒ Foundation for the Advancement of Mesoamerican Studies, Inc.

144쪽 ⓒ Foundation for the Advancement of Mesoamerican Studies, Inc.

149쪽 ⓒ Cleveland Museum of Art: Gift of Edward B. Greene

152쪽 ⓒ Library of Congress, Washington, D.C.

157쪽 ⓒ Bibliothèque nationale de France, Paris, Dist. RMN-Grand Palais/Image BnF

165쪽 ⓒ Cavan Images/Alamy Stock Photo

167쪽 ⓒ Art Institute of Chicago: Major Acquisitions Fund

169쪽 ⓒ Icon Images/Alamy Stock Photo

173쪽 ⓒ Luis Beltran

177쪽 ⓒ 위 Codex Mendoza folio 46r

177쪽 ⓒ 아래 Codex Mendoza

181쪽 ⓒ The Picture Art Collection/Alamy Stock Photo

187쪽 ⓒ Library of Congress, Washington, D.C.

190쪽 위 ⓒ Foundation for the Advancement of Mesoamerican Studies, Inc.

190쪽 아래 ⓒ Foundation for the Advancement of Mesoamerican Studies, Inc.

198쪽 ⓒ Germanisches Nationalmuseum, Nürnberg

199쪽 ⓒ Bibliothèque nationale de France, Paris

201쪽 ⓒ Album/Alamy

205쪽 ⓒ GpPhotoStudio/Alamy Stock Photo

211쪽 ⓒ Museum of Fine Arts, Boston

216쪽 왼쪽 ⓒ The Picture Art Collection/Alamy Stock Photo

216쪽 오른쪽 ⓒ Manuel deЫлáñez

222쪽 ⓒ Camilla Townsend

223쪽 ⓒ 위 Granger/Historical Picture Archive/Alamy Stock Photo

223쪽 ⓒ 아래 Granger/Historical Picture Archive/Alamy Stock Photo

227쪽 ⓒ Bibliothèque nationale de France, Paris

229쪽 ⓒ Biblioteca Digital Mexicana BDMx

231쪽 ⓒ Pilgrimage to Broken Mountain by Alan R. Sandstrom and Pamela Effrein Sandstrom

드디어 시리즈

드디어 만나는 아즈텍 신화

1판 1쇄 발행 2025년 9월 24일
1판 2쇄 발행 2025년 10월 23일

지은이 카밀라 타운센드
옮긴이 진정성

발행인 박명곤 **CEO** 박지성 **CFO** 김영은
기획편집1팀 채대광, 백환희, 이상지, 김진호
기획편집2팀 박일귀, 이은빈, 강민형, 박고은
기획편집3팀 이승미, 김윤아, 이지은
디자인팀 구경표, 유채민, 윤신혜, 권지혜
마케팅팀 임우열, 김은지, 전상미, 이호, 최고은

펴낸곳 (주)현대지성
출판등록 제406-2014-000124호
전화 070-7791-2136 **팩스** 0303-3444-2136
주소 서울시 강서구 마곡중앙6로 40, 장흥빌딩 10층
홈페이지 www.hdjisung.com **이메일** support@hdjisung.com
제작처 영신사

ⓒ 현대지성 2025

※ 이 책은 저작권법에 따라 보호받는 저작물이므로 무단 전재와 복제를 금합니다.
※ 잘못 만들어진 책은 구입하신 서점에서 교환해드립니다.

"Curious and Creative people make Inspiring Contents"
현대지성은 여러분의 의견 하나하나를 소중히 받고 있습니다.
원고 투고, 오탈자 제보, 제휴 제안은 support@hdjisung.com으로 보내주세요.

현대지성 홈페이지

이 책을 만든 사람들
기획 강민형 **편집** 이상지, 채대광 **디자인** 권지혜

"드디어 만나서 설레고 즐거운 시간"
'드디어' 시리즈

◆ **드디어 만나는 심리학 수업**
폴 클라인먼 지음 | 문희경 옮김 | 408쪽
★★★ 김경일 아주대 심리학과 교수 추천

◆ **드디어 만나는 대만사 수업**
우이룽 지음 | 박소정 옮김 | 256쪽
★★★ 심용환 역사앤교육연구소 소장 추천

◆ **드디어 만나는 영국 동화**
조셉 제이콥스 지음 | 아서 래컴·존 바튼 그림 | 서미석 옮김 | 408쪽
★★★ 신형철 문학평론가 추천

◆ **드디어 만나는 지리학 수업**
이동민 지음 | 392쪽
★★★ 김시덕 도시문헌학자 추천

◆ **드디어 만나는 경제학 수업**
미셸 케이건, 앨프리드 밀 지음 | 김선영 옮김 | 408쪽
★★★ 오건영 신한은행 팀장 추천

◆ **드디어 만나는 북유럽 동화**
페테르 크리스텐 아스비에른센 지음 | 카이 닐센 그림 | 서미석 옮김 | 408쪽
★★★ 천선란 『천 개의 파랑』 작가 추천

◆ **드디어 만나는 해부학 수업**
케빈 랭포드 지음 | 안은미 옮김 | 416쪽
★★★ 이낙준 『중증외상센터』 작가 추천

◆ **드디어 만나는 천문학 수업**
캐럴린 콜린스 피터슨 지음 | 이강환 옮김 | 368쪽
★★★ 궤도 과학 커뮤니케이터 추천

 '드디어' 시리즈는 계속 출간됩니다.